"十四五"规划应用型系列教材
上海市应用型本科试点专业系列教材

会计基础实训

(第三版)

袁国红 周陈莲／主　编

立信会计出版社
LIXIN ACCOUNTING PUBLISHING HOUSE

图书在版编目(CIP)数据

会计基础实训 / 袁国红,周陈莲主编. -- 3 版. -- 上海:立信会计出版社,2025.6. --("十四五"规划应用型系列教材)(上海市应用型本科试点专业系列教材). -- ISBN 978-7-5429-7976-6

Ⅰ.F230

中国国家版本馆 CIP 数据核字第 202593D516 号

策划编辑	孙 勇
责任编辑	孙 勇
助理编辑	战小雨
美术编辑	吴博闻

会计基础实训(第三版)

KUAIJI JICHU SHIXUN

出版发行	立信会计出版社		
地　　址	上海市中山西路 2230 号	邮政编码	200235
电　　话	(021)64411389	传　真	(021)64411325
网　　址	www.lixinaph.com	电子邮箱	lixinaph2019@126.com
网上书店	http://lixin.jd.com		http://lxkjcbs.tmall.com
经　　销	各地新华书店		
印　　刷	常熟市人民印刷有限公司		
开　　本	787 毫米×1092 毫米	1/16	
印　　张	19.25		
字　　数	480 千字		
版　　次	2025 年 6 月第 3 版		
印　　次	2025 年 6 月第 1 次		
书　　号	ISBN 978-7-5429-7976-6/F		
定　　价	49.00 元		

如有印订差错,请与本社联系调换

第三版前言

本教材自出版以来,获得了广大同行的认可,也收到了部分使用反馈,编者根据党的二十大精神、《中华人民共和国会计法》(2024年修订)、《会计信息化工作规范》(财会〔2024〕11号)、《会计软件基本功能和服务规范》(财会〔2024〕12号)、教育部《关于印发〈高等学校课程思政建设指导纲要〉的通知》(教高〔2020〕3号)等法规和政策,充分采纳了行业专家的建议和使用本教材的专业教师的教学经验总结,进行第三版修订。本教材主要特色如下。

1. 与时俱进、强化价值引领,提升学生学习的积极性

根据党的二十大报告中提出的"实施科教兴国战略,强化现代化建设人才支撑"的精神,编者对教材内容进行了全面梳理、完善和补充。教材内容的设计将价值塑造、知识传授和能力培养三者融为一体,有效激发学生创新潜能。

2. 守正创新,完善会计软件应用的基础数据,拓展学生信息处理手段

为贯彻《中华人民共和国会计法》中"国家加强会计信息化建设,鼓励依法采用现代信息技术开展会计工作"的要求,本教材进一步完善了会计软件应用相关的基础数据,强化数据支持功能。本教材拓展了应用范围,学生根据教材提供的经济业务内容,既能进行手工实验操作,又能使用会计软件完成实验项目。

3. 诚实守信,根据会计规范完成实验项目,培养学生良好的职业素养

本教材旨在引导学生通过完成全部实验项目,形成立足本职岗位,诚信工作、遵纪守法的自觉,树立服务社会、实现自我价值的良好职业素养。

本教材应用的实验软件由上海立信会计金融学院的老师和软件公司工程师共同开发。教材使用者如有需要,可以通过立信会计出版社咨询我们。

编者

2025年6月

前　　言

《会计基础实训》教材是应"会计基础实验"课程而编写的,因为该课程教学内容的规范性、操作性都很强,我们尝试将本教材设计成为一本自助式学习教材。首先,本教材为实验公司设计了1个月的日常经济业务,提供这些经济业务所需要的会计凭证(包括原始凭证、记账凭证、科目汇总表)、会计账簿(包括总账、明细账、日记账)、财务报表(包括资产负债表、利润表);其次,本教材提供《会计基础工作规范》中关于填制会计凭证、登记会计账簿、编制财务报表、整理会计档案的相关条款规定和解释;再次,本教材就填制会计凭证、登记会计账簿、编制财务报表的方法进行示范;最后,本教材设计出实验项目供学生完成实验工作。

本教材的创新点如下:

第一,注重培养学生的"经济业务"观点。一个企业的经济业务很多,不同的企业具体经济业务也各不相同,但理论上都可以将企业繁多的经济业务划分为筹资业务、投资业务和经营业务(采购业务、制造业务、销售业务)。会计人员关心的是企业发生了哪些具体的经济业务,并能够对经济业务的内容进行分类核算。本教材通过实验项目帮助学生了解企业会发生哪些主要经济业务。

第二,注重经济业务与会计凭证之间的联系。会计实务中,会计凭证的填制、会计账簿的登记、财务报表的编制工作都是格式化的操作,会计人员经过训练都能够熟练掌握。但是建立起一项经济业务和与之相对应的证明经济业务发生和完成情况的原始凭证之间的联系,就有些困难了。本教材通过设计多种情况,引导学生思考。比如,采购业务会涉及一系列原始凭证,增值税专用发票是最基本的原始凭证,用于证明采购业务的发生(价款和税额),那么款项的支付(现付、赊购、预付款采购)又分别对应了哪些原始凭证?如果采购材料验收入库了,又需要哪些原始凭证来证明?本教材通过实验项目帮助学生理解"原始凭证是证明经济业务发生和完成情况的单据"的概念,并能够运用原始凭证来证明经济业务的发生和完成情况,进而进行相关会计核算。

第三,注重会计核算的有法可依。本教材在所设计的7个实验项目中,均按照《会计基础工作规范》的规定示范如何操作。本教材通过实验项目培养学生的"规范"意识，强调会计核算是有法可依的，不可随意为之。当学生遇到新的经济业务时，会思考去哪儿找处理依据，也会在没有依据的情况下提出相对合理的解决方案。

第四，注重简便易学。本教材实验项目的设计为通俗易懂的示范式实验项目，每一项实验项目都提供了操作示范，学生可以根据示范进行自助式手工操作，达到"学中练、练中学"的学习效果。

值得一提的是，本教材围绕着实验公司1个月的经济业务设计原始凭证、记账凭证、会计账簿、财务报表的相关内容，根据上述经济业务和会计核算资料组合为7个实验项目。各个实验项目各自独立又前后衔接，学生在完成实验项目的同时可以领会各种会计核算方法和综合运用各种会计核算方法生成会计信息的过程。

最后回答一个问题：当前会计已经信息化[1]了，为什么学生还要学习手工账？大家知道，在信息化环境下，会计核算工作是通过会计信息系统[2]来完成的。会计软件[3]具有以下功能：①为会计核算、财务管理直接采集数据。②生成会计凭证、会计账簿、财务报表等会计核算资料。③对会计核算资料进行转换、输出、分析、利用。也就是说，记账凭证、会计账簿、财务报表等会计核算资料都是通过软件自动生成的。而通过学习手工账，学生可以理解会计软件的设计原理，在未来学习会计信息系统的相关课程中既知其然又知其所以然。

在本教材撰写的过程中，我们参考了国内的一些优秀教材，并汲取其中精华，在此我们向这些教材的作者谨致谢意！

本教材由袁国红、周陈莲共同完成。由于编者水平有限，本教材可能会存在错漏之处，敬请广大读者批评、指正。

编　者

2018年2月于序伦大楼

---

[1] 会计信息化是指企业利用计算机、网络通信等现代信息技术手段开展会计核算，以及利用上述技术手段将会计核算与其他经营管理活动有机结合的过程。

[2] 会计信息系统是指由会计软件及其运行所依赖的软硬件环境组成的集合体。

[3] 会计软件是指企业使用的，专门用于会计核算、财务管理的计算机软件、软件系统或其功能模块。

目　　录

第一部分　实验教学手册 ··· 001
　　一、实验教学大纲 ·· 001
　　二、实验教学组织 ·· 002
　　三、实验需要准备的工具 ··· 004
　　四、会计软件应用 ·· 004
第二部分　实验资料 ·· 005
　　一、实验单位简介 ·· 005
　　二、实验单位会计账簿的设置情况及账户期初余额 ·· 006
　　三、实验单位发生的经济业务(部分)及相关原始凭证 ·· 009
第三部分　实验项目 ·· 079
　　一、设置会计账簿 ·· 079
　　二、取得与填制原始凭证 ··· 081
　　三、填制记账凭证 ·· 085
　　四、登记会计账簿 ·· 088
　　五、对账与结账 ··· 090
　　六、编制财务报表 ·· 092
　　七、会计档案的装订与保管 ·· 095
第四部分　实验操作示范与空白会计核算资料 ·· 097
　　一、实验操作示范 ·· 097
　　二、空白会计核算资料 ·· 111
第五部分　实验常见问题的思考 ·· 281
第六部分　实验项目参考答案 ··· 283
　　一、试算平衡表 ··· 283
　　二、资产负债表 ··· 283
　　三、利润表 ··· 283
附录　《会计基础工作规范》 ··· 285
后记 ·· 297
主要参考文献 ··· 298

第一部分 实验教学手册

一、实验教学大纲

(一) 实验目的

"会计基础实验"课程是在"会计学原理"课程学习的基础上,讲授会计的基本操作技能,包括填制会计凭证、登记会计账簿①、编制财务报表和会计档案的装订与保管。学生通过对一家企业主要经济业务的仿真实验,可以熟知会计信息的生成过程:通过填制原始凭证,建立经济业务与原始凭证的联系;通过填制记账凭证,将经济业务按会计要素(会计科目)进行分类核算;通过登记会计账簿,将经济业务按会计科目进行汇总核算;通过编制财务报表,掌握会计科目与报表项目之间的关系。通过本课程的学习,学生可以将会计的基本理论、基本方法和基本操作技能有效衔接起来。

(二) 实验项目

会计基本操作技能包括填制会计凭证、登记会计账簿、编制财务报表和会计档案的装订与保管等内容,这些内容既相互联系又自成体系。为了便于实验,本教材按照会计实务工作的步骤将实验项目分为七个,具体情况见表 1-1。

表 1-1　　　　　　　　　会计基本操作技能与实验项目对照表

会计基本操作技能	知识点	实验项目
填制会计凭证	原始凭证的填制与审核	二、取得与填制原始凭证
	记账凭证的填制与审核	三、填制记账凭证
登记会计账簿②	会计账簿的设置	一、设置会计账簿
	会计账簿的登记	四、登记会计账簿
	对账与结账	五、对账与结账
编制财务报表	编制资产负债表、利润表	六、编制财务报表
会计档案的装订与保管	会计凭证、会计账簿和财务报表的装订	七、会计档案的装订与保管

---

① 会计账簿简称账簿。
② 《会计基础工作规范》第三章第三节"登记会计账簿",其主要包括启用会计账簿、登记会计账簿、对账与结账等内容。根据会计实务的操作步骤,本教材将登记会计账簿拆分为设置会计账簿(实验项目一)、登记会计账簿(实验项目四)和对账与结账(实验项目五)等实验项目,以方便学生分阶段完成实验工作。

（三）实验项目的基本要求

通过本课程的学习，学生应掌握填制会计凭证、登记会计账簿、编制财务报表等内容的具体操作方法，并定期对会计档案进行装订与保管。实验项目的基本要求见表1-2。

表1-2　　　　　　　　　　　实验项目的基本要求[①]

实验项目	基本要求	重要程度	难易程度
一、设置会计账簿	（1）填写订本账封面、扉页和会计科目目录 （2）根据各账簿上年期末余额结转下年期初余额等	★★★★☆	★★★☆☆
二、取得与填制原始凭证	（1）根据经济业务内容识别原始凭证 （2）填写常见经济业务的原始凭证 （3）审核已取得或填制的原始凭证 （4）整理审核无误的原始凭证等	★★★★★	★★★☆☆
三、填制记账凭证	（1）根据审核无误的原始凭证选择适合的记账凭证 （2）填制记账凭证 （3）审核已填制的记账凭证 （4）整理记账凭证及其所附的原始凭证等 （5）根据记账凭证编制科目汇总表	★★★★★	★★★☆☆
四、登记会计账簿	（1）根据审核无误的记账凭证及原始凭证登记日记账、明细账 （2）根据科目汇总表登记总账	★★★★★	★★★★☆
五、对账与结账	（1）期末对账（根据总账编制试算平衡表） （2）根据对账结果更正发现的错账 （3）期末结账	★★★★☆	★★★★☆
六、编制财务报表	（1）编制资产负债表 （2）编制利润表	★★★★★	★★★★☆
七、会计档案的装订与保管	（1）会计凭证的装订 （2）会计账簿的装订 （3）财务报表的装订 （4）会计凭证、会计账簿、财务报表的保管	★★★★★	★★★☆☆

本教材面向的专业为：开设"会计学原理"课程的所有专业。"会计学原理"课程与"会计基础实验"课程安排在同一学期先后开设，更适合教学活动的开展。

二、实验教学组织

（一）对教师的要求

（1）讲授课程教学内容。
（2）指导学生实验过程，解答学生提出的问题。
（3）评定学生成绩，及时归档教学档案。

---

① 根据《会计基础工作规范》和"会计学原理"课程教学大纲中关于会计凭证、会计账簿、财务报表等的内容整理。

(二) 对学生的要求

(1) 按时出勤,参与课堂讨论。
(2) 按教学计划完成实验任务,并保证实验资料的正确性。
(3) 按教学计划和授课教师要求及时上交实验资料。

(三) 实验教学计划安排

实验教学计划安排见表 1-3。

表 1-3　　　　　　　　　　　　实验教学计划安排[①]

日期	实验项目	实验课时	实验形式	备注
第 1 周	一、设置会计账簿	2	实验室集中	课外分散
第 2~3 周	二、取得与填制原始凭证	3	实验室集中	课外分散
第 3~7 周	三、填制记账凭证	8	实验室集中	课外分散
第 7~9 周	四、登记会计账簿	4	实验室集中	课外分散
第 9~10 周	五、对账与结账	3	实验室集中	课外分散
第 11~12 周	六、编制财务报表	3	实验室集中	课外分散
第 12 周	七、会计档案的装订与保管	1	实验室集中	课外分散

(四) 实验考核与成绩评定

实验考核与成绩评定见表 1-4。

表 1-4　　　　　　　　　　　　实验考核与成绩评定

考核项目名称	考核次数	考核分值	平时成绩考核评定依据与标准[②]
课堂考勤/课堂互动	5	10	(1) 会计凭证、会计账簿、财务报表项目填列完整,内容齐全,数字正确 (2) 每个实验项目结束,按时提交实验资料 (3) 实验项目七"会计档案的装订与保管"的考核分值为 10 分。其中,"会计凭证的装订"为 6 分,"会计账簿(明细账)的装订"为 2 分,"财务报表的装订"为 2 分
实验项目一、设置会计账簿	1	5	
实验项目二、取得与填制原始凭证	1	5	
实验项目三、填制记账凭证	1	15	
实验项目四、登记会计账簿	1	20	
实验项目五、对账与结账	1	10	
实验项目六、编制财务报表	1	25	
实验项目七、会计档案的装订与保管	1	10	

(五) 教学档案

本课程结束后,学生应提交档案袋,档案袋内包括会计凭证 3 册、会计账簿 3 本、财务报表

---

① 实验室集中实习后,部分学生需要课外分散完成剩余工作量。
② 授课教师可以自行调整各部分分数的构成。

1本。以上资料由授课教师交本单位教务归档。

三、实验需要准备的工具

实验需要准备的工具见表1-5。

表1-5　　　　　　　　　　　　实验需要准备的工具

工具名称	数量	工具名称	数量
红、黑色签字笔	各1支	约30 cm长度直尺	1把
剪刀/裁纸刀	1把	大、小长尾票夹	各10个
固体胶	1支	约10 cm长装订针	1枚
回形针	1盒	活页账装订夹	1个
装订线	1米	订书机	1只
档案袋	1个	装订机[①]	1台

四、会计软件应用[②]

根据经济业务内容,学生使用会计软件完成实验项目,学生在操作会计软件的过程中了解会计软件的功能、结构和数据流程,体会会计软件的运行原理和数据处理方法。

---

① 由教学单位负责准备。

② 由教学单位自行选择。

第二部分 实验资料

一、实验单位简介

(一) 基本情况

(1) 实验单位名称:东方有限责任公司。
(2) 地址、电话:上海市松江区文翔路3000号,021-67826789。
(3) 法定代表人:孟浩然。
(4) 纳税人识别号:310117154008089639。
(5) 基本存款户及账号。
基本存款户:中国工商银行上海市分行松江支行。
账号:6222200088867891258。
(6) 总经理(主管会计机构):丁宁。
(7) 财务部门岗位设置。
财务部经理:蒋欣,全面负责财务部门工作,如设计公司财务制度与会计核算流程、制订财务计划、参与公司经营管理与决策、进行财务分析与预测等。
出纳:张燕,负责填制收款凭证、付款凭证,登记日记账。
会计:王芳,负责复核收款凭证、付款凭证,填制转账凭证,登记总分类账[①];赵亮,负责制表、登记明细分类账[②],填制科目汇总表,复核转账凭证,编制财务报表。

(二) 经营情况

东方有限责任公司是汇联股份有限公司的全资子公司。东方有限责任公司设置若干个行政管理部门和一个生产车间;生产A、B两种产品;耗用甲、乙、丙三种材料;为增值税一般纳税人,增值税税率为13%;城市维护建设税税率为7%,教育费附加税率为3%,企业所得税税率为25%;执行《企业会计准则》。

[①] 总分类账简称总账。
[②] 明细分类账简称明细账。

(三)会计核算程序[①]

东方有限责任公司的会计核算程序采用科目汇总表会计核算程序。科目汇总表会计核算程序的工作流程为:

(1)根据原始凭证或原始凭证汇总表填制记账凭证(收款凭证、付款凭证、转账凭证)。

(2)根据收款凭证和付款凭证,序时、逐笔登记现金日记账和银行存款日记账。

(3)根据收款凭证、付款凭证、转账凭证及其所附的原始凭证或原始凭证汇总表,登记各种明细分类账。

(4)根据记账凭证定期编制科目汇总表。

(5)根据科目汇总表登记总分类账。

(6)按照对账要求,定期将总分类账与日记账、明细分类账核对相符。

(7)根据总分类账和有关明细分类账编制财务报表。

科目汇总表会计核算程序的工作流程如图2-1所示。

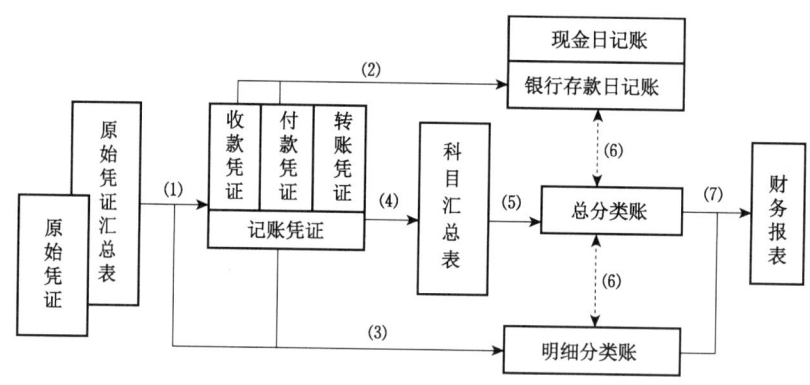

图2-1 科目汇总表会计核算程序的工作流程

二、实验单位会计账簿的设置情况及账户期初余额

东方有限责任公司设置总账、明细账和日记账。东方有限责任公司2×20年1月会计账簿的设置情况和账户的期初余额及账页格式如下。

1. 账户的期初余额及账页格式

账户的期初余额及账页格式见表2-1。

表2-1　　　　　　　　　账户的期初余额及账页格式

2×20年01月01日　　　　　　　　　　　　单位:元

编号	总账账户	明细账户	余额		账页格式	
			借方	贷方	总账	明细账/日记账
1001	库存现金		850.00		三栏式	三栏式
1002	银行存款		559 150.00			三栏式

---

① 会计核算程序也称账务处理程序。

(续表)

编号	总账账户	明细账户	余额		账页格式	
			借方	贷方	总账	明细账/日记账
1122	应收账款		4 000.00		三栏式	
1122-01	应收账款	中天股份有限公司	4 000.00			三栏式
1123	预付账款		0		三栏式	
1123-01	预付账款	华岳有限责任公司	0			三栏式
1402	在途物资		0		三栏式	
1402-01	在途物资	甲材料	0			平行登记式
1402-02	在途物资	乙材料	0			平行登记式
1402-03	在途物资	丙材料	0			平行登记式
1403	原材料		147 900.00		三栏式	
1403-01	原材料	甲材料	50 400.00			数量金额式
1403-02	原材料	乙材料	52 000.00			数量金额式
1403-03	原材料	丙材料	45 500.00			数量金额式
1405	库存商品		569 000.00		三栏式	
1405-01	库存商品	A产品	361 000.00			数量金额式（略）
1405-02	库存商品	B产品	208 000.00			数量金额式（略）
1601	固定资产		2 250 000.00		三栏式	
1602	累计折旧			708 000.00	三栏式	
2001	短期借款			0		
2202	应付账款			2 500.00	三栏式	
2202-01	应付账款	华硕有限责任公司		2 500.00		三栏式
2203	预收账款			0	三栏式	
2203-01	预收账款	中信股份有限公司		0		三栏式
2211	应付职工薪酬			250 000.00	三栏式	
2221	应交税费			185 000.00	三栏式	
2221-01	应交税费	应交增值税		60 000.00		多栏式
2221-02	应交税费	应交所得税		119 000.00		三栏式（略）
2221-03	应交税费	应交城市维护建设税		4 200.00		三栏式（略）
2221-04	应交税费	应交教育费附加		1 800.00		三栏式（略）
2231	应付利息			0	三栏式	
4001	实收资本			2 000 000.00	三栏式	
4101	盈余公积			200 000.00	三栏式	
4103	本年利润			0	三栏式	
4104	利润分配			197 000.00	三栏式	
4104-01	利润分配	未分配利润		197 000.00		三栏式（略）

(续表)

编号	总账账户	明细账户	余额 借方	余额 贷方	账页格式 总账	账页格式 明细账/日记账
5001	生产成本		11 600.00		三栏式	
		A产品	4 800.00			多栏式
		B产品	6 800.00			多栏式
5101	制造费用		0		三栏式	多栏式
6001	主营业务收入			0	三栏式	多栏式（略）
6401	主营业务成本		0		三栏式	多栏式（略）
6403	税金及附加		0		三栏式	多栏式（略）
6601	销售费用		0		三栏式	多栏式（略）
6602	管理费用		0		三栏式	多栏式
6603	财务费用		0		三栏式	多栏式（略）
6801	所得税费用		0		三栏式	多栏式（略）

2. 明细账户的设置方式

明细账户的设置方式见表2-2。

表2-2　　　　　　　　　　　明细账户的设置方式

总账账户	明细账户(项目)设置方式	总账账户	明细账户(项目)设置方式
银行存款	按开立账户	应交税费	按税费名称
应收账款	按采购商名称	实收资本	按股东名称
预收账款	按采购商名称	生产成本	按产品名称(成本项目)
应付账款	按供应商名称	制造费用①	按车间名称(费用项目)
预付账款	按供应商名称	主营业务收入	按产品名称
在途物资、原材料	按材料名称	主营业务成本	按产品名称
库存商品	按产品名称	销售费用、管理费用、财务费用②	按部门(费用项目)

3. "原材料"明细账的期初余额

"原材料"明细账的期初余额见表2-3。

表2-3　　　　　　　　　"原材料"明细账的期初余额

2×20年01月01日　　　　　　　　　　　　　　金额单位：元

材料类别	计量单位	数量	单价	金额
甲材料	千克	600	84.00	50 400.00
乙材料	千克	500	104.00	52 000.00

① "制造费用"账户按车间名称设置明细账，东方有限责任公司车间较少，直接按照费用项目进行明细核算。

② "销售费用""管理费用""财务费用"账户按部门设置明细账，东方有限责任公司部门较少，直接按照费用项目进行明细核算。

(续表)

材料类别	计量单位	数量	单价	金额
丙材料	千克	700	65.00	45 500.00
合　计	—	—	—	147 900.00

4. "库存商品"明细账的期初余额

"库存商品"明细账的期初余额见表2-4。

表 2-4　　　　　　　　　"库存商品"明细账的期初余额

2×20年01月01日　　　　　　　　　　　　　　金额单位：元

产品名称	计量单位	数量	单价	金额
A产品	件	190	1 900.00	361 000.00
B产品	件	160	1 300.00	208 000.00
合　计				569 000.00

5. "生产成本"明细账的期初余额

"生产成本"明细账的期初余额见表2-5。

表 2-5　　　　　　　　　"生产成本"明细账的期初余额

2×20年01月01日　　　　　　　　　　　　　　单位：元

产品名称	直接材料	直接人工	制造费用	合计
A产品	4 000.00	600.00	200.00	4 800.00
B产品	5 800.00	700.00	300.00	6 800.00
合　计	9 800.00	1 300.00	500.00	11 600.00

6. "制造费用""管理费用"明细账户的费用项目

"制造费用""管理费用"明细账户的费用项目见表2-6。

表 2-6　　　　　　　"制造费用""管理费用"明细账户的费用项目

（借）方费用项目			
工资薪酬	折旧费	水电费	其他

三、实验单位发生的经济业务（部分）及相关原始凭证

东方有限责任公司2×20年1月份发生的经济业务（部分）及相关原始凭证如下。

业务1[①] 1日,收到汇联股份有限公司追加的货币资金投资1 000 000元,款项已存入银行。

原始凭证1-1 转账支票

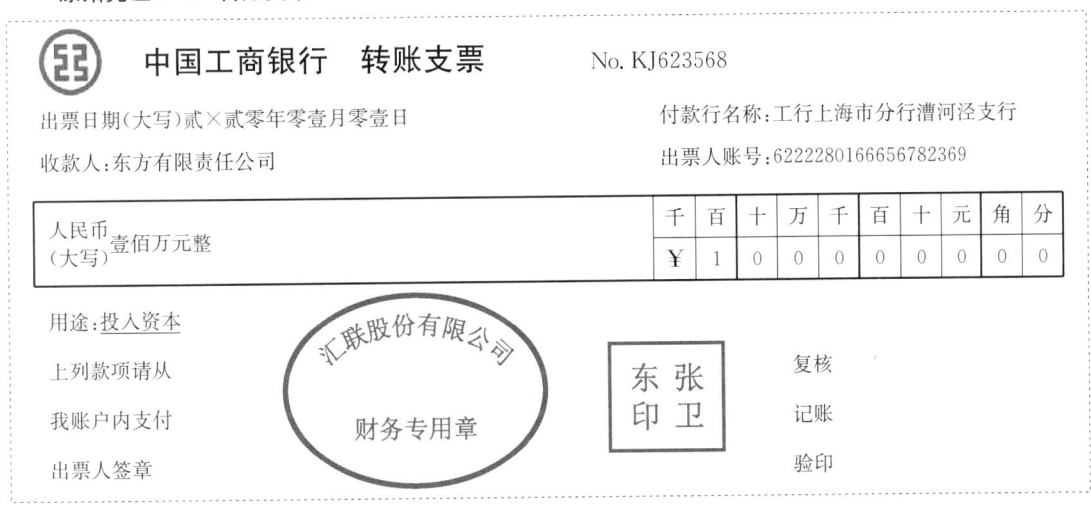

原始凭证1-2 进账单

[①] 在业务1中,汇联股份有限公司出具转账支票作为对东方有限责任公司追加的投资,东方有限责任公司据以填写进账单,将转账支票、进账单送银行,银行将款项从汇联股份有限公司银行存款账户划入东方有限责任公司的银行存款账户,同时留存支票,将其作为银行划转款项的原始凭证。所以东方有限责任公司业务1的原始凭证是进账单。

业务 2　1 日，从银行借入为期 1 年的借款 200 000 元以供生产经营周转之需，并将其存入银行，借款年利率为 6%，利息按季结算。

原始凭证 2-1　借款凭证

(　　　贷款)借款凭证(回单)③

单位编号：A006　　　　　　　日期：2×20 年 01 月 01 日　　　　　　用户编号：0896

借款人	名称	东方有限责任公司	收款人	名称	东方有限责任公司
	放款户账号	6222200088807061169		往来户账号	6222200088867891258
	开户银行	工行上海市分行松江支行		开户银行	工行上海市分行松江支行

借款期限（最后还款日）	2×20 年 12 月 31 日	借款计划指标	
借款申请金额	人民币（大写）　贰拾万元整		千 百 十 万 千 百 十 元 角 分 ￥　　2 0 0 0 0 0 0 0
借款原因及用途	生产经营周转	银行核定金额	千 百 十 万 千 百 十 元 角 分 ￥　　2 0 0 0 0 0 0 0

期限	计划还款日期	√	计划还款金额	分次还款记录	期次	还款日期	还款金额	结欠
1	2×20 年 12 月 31 日							
2								
3								
4								

备注：	上述借款业务已同意贷给并转入你单位往来账户，借款到期时应按期归还。
	借款单位 （银行盖章）　中国工商银行 上海市分行松江支行 业务章 2×20.01.01 2×20 年 01 月 01 日

此联系核定放款回单代借款单位往来户收款通知

业务 3　1 日，生产车间领用材料。其中：甲材料 500 千克；乙材料 300 千克；丙材料 200 千克。直接根据领料单登记"原材料"明细账。

原始凭证 3-1　领料单

东方有限责任公司　领料单

No.11001

领用部门：生产车间　　　　　2×20 年 01 月 01 日　　　　　仓库：材料仓库

材料名称及规格	用途	计量单位	数量	
			请领	实领
甲材料	生产 A 产品	千克	500	500
合　计			500	500

仓库保管员：李君　　　　　　　领料部门主管：闫妮　　　　　　　领料人：江珊

② 记账联

原始凭证 3-2　领料单

东方有限责任公司　　领料单

No.11002

领用部门：生产车间　　　2×20年01月01日　　　仓库：材料仓库

材料名称及规格	用途	计量单位	数量	
			请领	实领
乙材料	生产B产品	千克	300	300
合　　计			300	300

仓库保管员：李君　　　　领料部门主管：闫妮　　　　领料人：江珊

② 记账联

原始凭证 3-3　限额领料单①

东方有限责任公司　　限额领料单

No.10001

领用部门：生产车间　　　2×20年01月　　　仓库：材料仓库

材料名称及规格	用途	计量单位	单价（元）	全月领用限额（千克）	全月实用	
					数量	金额
丙材料	一般性耗用	千克	65.00	600		

供应部门负责人：王一　　　生产计划部门负责人：曹军

日期	请领		实发			退库		限额结余（千克）
	数量	领料单位负责人	数量	发料人	领料人	数量	退库单编号	
01/01	200	闫妮	200	李君	江珊			400
合计								

仓库负责人：赵明

② 记账联

---

① 限额领料单平时只记录领料情况，月末根据限额领料单中"全月实用数量、金额"登记"原材料"明细账。

业务 4 2 日，委托银行支付职工薪酬 250 000 元。

原始凭证 4-1　转账支票[①]

中国工商银行 转账支票存根 No. MN265261	中国工商银行　转账支票　　　No. MN265261
附加信息：_____ _____ _____ 出票日期：2×20 年 01 月 02 日 收款人：东方有限责任公司 　　　　职工工资户 金　额：¥250 000.00 用　途：支付职工薪酬 单位主管：丁宁　会计：王芳	出票日期(大写)贰×贰零年零壹月零贰日　付款行名称：工行上海市分行松江支行 收款人：东方有限责任公司职工工资户　出票人账号：6222200088867891258 人民币（大写）贰拾伍万元整　　千百十万千百十元角分 　　　　　　　　　　　　　　　　　¥ 2 5 0 0 0 0 0 0 用途：支付职工薪酬 上列款项请从我账户内支付 （东方有限责任公司 财务专用章）　（然浩 孟印） 　　　　　　　　　　　　复核 出票人签章　　　　　　　　记账 　　　　　　　　　　　　验印

原始凭证 4-2　职工薪酬结算单

东方有限责任公司　职工薪酬结算单

2×20 年 01 月 02 日　　　　　　　　　　　　　　单位：元

序号	姓名	基本工资	岗位工资	奖金	应付职工薪酬总额
1	李军	2 500.00	2 000.00	1 000.00	5 500.00
	……				
生产 A 产品工人薪酬小计		57 000.00	38 000.00	20 000.00	115 000.00
25	赵霞	2 200.00	1 500.00	800.00	4 500.00
	……				
生产 B 产品工人薪酬小计		40 000.00	25 000.00	10 000.00	75 000.00
46	王洁	3 000.00	1 200.00	800.00	5 000.00
	……				
车间管理人员薪酬小计		10 000.00	6 000.00	4 000.00	20 000.00
51	赵亮	3 000.00	2 000.00	1 000.00	6 000.00
	……				
行政管理人员薪酬小计		20 000.00	12 000.00	8 000.00	40 000.00
合　计		¥127 000.00	¥81 000.00	¥42 000.00	¥250 000.00

审核：王芳　　　　　　　　　　　　　　　　　　　　　　制表：赵亮

[①] 转账支票的正联交给收款人，存根联作为付款人付款的原始凭证。

原始凭证 4-3 付款申请书①

东方有限责任公司 付款申请书

No. 11101

2×20 年 01 月 02 日

用途及情况	金　额										收款单位(人):东方有限责任公司职工工资户
	亿	千	百	十	万	千	百	十	元	角	分	
支付职工薪酬				￥	2	5	0	0	0	0	0	账号:(略)
												开户行:工行上海市分行松江支行
金额大写(合计)	贰拾伍万元整									电汇 □ 转账 ■ 网银 □ 其他 □		
总经理	丁宁	财务部门		经理	蒋欣		申请部门		经理	张立		
				会计	王芳				经办人	赵平		

②记账联

业务5②　4 日，从华为有限责任公司购入甲材料 3 000 千克，单价为 80 元，增值税专用发票列明的价款为 240 000 元，税额为 31 200 元。货款以银行存款支付。

原始凭证 5-1 增值税专用发票③

上海增值税专用发票

3100201130　　　　发票联　　　　No. 18769606

开票日期:2×20 年 01 月 04 日

购买方	名　　称	东方有限责任公司	密码区	(略)
	纳税人识别号	3101171540080089639		
	地址、电话	上海市松江文翔路 3000 号　021-67826789		
	开户行及账号	工行上海市分行松江支行　6222200088867891258		

税总函(2×20)659号中钞光华印制有限公司

货物或应税劳务、服务名称	规格型号	单位	数量	单价	金额	税率	税额
甲材料		千克	3000	80.00	240000.00	13%	31200.00
合　　计					￥240000.00		￥31200.00
价税合计(大写)	⊗贰拾柒万壹仟贰佰元整					(小写)￥271200.00	

销售方	名　　称	华为有限责任公司	备注	华为有限责任公司 3101123258172681333 发票专用章
	纳税人识别号	3101123258172681333		
	地址、电话	上海市闵行顾戴路 60 号　021-54936789		
	开户行及账号	工行上海市分行闵行支行　6222210055573528956		

收款人:陈悦　　　　复核:王凯　　　　开票人:任菲　　　　销售方:(章)

第三联 发票联 购买方记账凭证

---

①　东方有限责任公司的《资金管理办法》规定:支出金额在 1 000 元以下的由主管部门经理签字后交由财务经理复核、审批;支出金额在 1 000 元以上(含 1 000 元)的由主管部门经理签字后交由财务经理复核,再由总经理审批。

②　在业务 5 中,增值税专用发票是东方有限责任公司采购材料的原始凭证,同时东方有限责任公司根据付款申请书,出具转账支票(正联),交付华为有限责任公司,华为有限责任公司据以填进账单并送交银行,银行将款项划入华为有限责任公司银行账户,东方有限责任公司转账支票的存根联作为采购材料付款的原始凭证。所以业务 5 的原始凭证是增值税专用发票、转账支票存根联和付款申请书。

③　增值税专用发票的填制:第一,开票日期即开票当天的日期。第二,购买方信息是根据客户提供的开票资料填写的。第三,货物信息根据合同填写货物或应税劳务名称、规格型号、单位、数量等信息。开票前企业事先设置好税率,系统自动生成金额、税额。第四,销售方信息即销货方自己的信息。第五,签章即在增值税专用发票的发票联加盖发票专用章。

原始凭证 5-2　转账支票①

```
中国工商银行
转账支票存根
No. MN265262

附加信息：_____
_____
_____

出票日期：2×20年01月04日
收款人：华为有限责任公司
金　额：¥271 200.00
用　途：支付货款
单位主管：丁宁　会计：王芳
```

中国工商银行　转账支票　No. MN265262

出票日期(大写)贰×贰零年零壹月零肆日　付款行名称：工行上海市分行松江支行
收款人：华为有限责任公司　　　　　　出票人账号：6222200088867891258

人民币(大写)贰拾柒万壹仟贰佰元整　　千百十万千百十元角分
　　　　　　　　　　　　　　　　　　¥ 2 7 1 2 0 0 0 0

用途：支付货款

上列款项请从我账户内支付

东方有限责任公司 财务专用章

孟浩然印

复核
记账
验印

出票人签章

本支票付款期限十天

原始凭证 5-3　付款申请书②

东方有限责任公司　付款申请书　No. 11102

2×20年01月04日

用途及情况	金额											收款单位(人)：华为有限责任公司
	亿	千	百	十	万	千	百	十	元	角	分	账号：6222210055573528956
支付货款			¥	2	7	1	2	0	0	0	0	开户行：工行上海市分行闵行支行
金额大写(合计)	贰拾柒万壹仟贰佰元整											电汇 □　转账 ■　网银 □　其他 □
总经理	丁宁	财务部门		经理		蒋欣		申请部门		经理		王平
				会计		王芳				经办人		陈玉

记账联

① 转账支票的填制：第一，出票日期填写出票当日，注意大写。第二，收款人信息根据采购发票复印件填写，付款金额与采购发票的价税合计一致。第三，付款人信息填写本单位信息。第四，用途根据付款申请书填写。第五，出票人签章处应加盖财务专用章。

② 付款申请书的填制：第一，申请付款时间即填写付款申请书的当日。第二，申请付款的项目内容应该根据采购发票的复印件来填写，付款金额要与采购发票的价税合计金额一致。第三，收款单位信息包括收款单位名称、账号、开户银行，可根据采购发票复印件填写。第四，申请付款的方式按照事先约定的方式填写，直接在对应的方框内打"√"(这里以■替代"√")。第五，审批栏由有关责任人签章。

业务6 5日,以银行存款300 000元预付向华岳有限责任公司购买乙材料的货款。

原始凭证6-1　转账支票

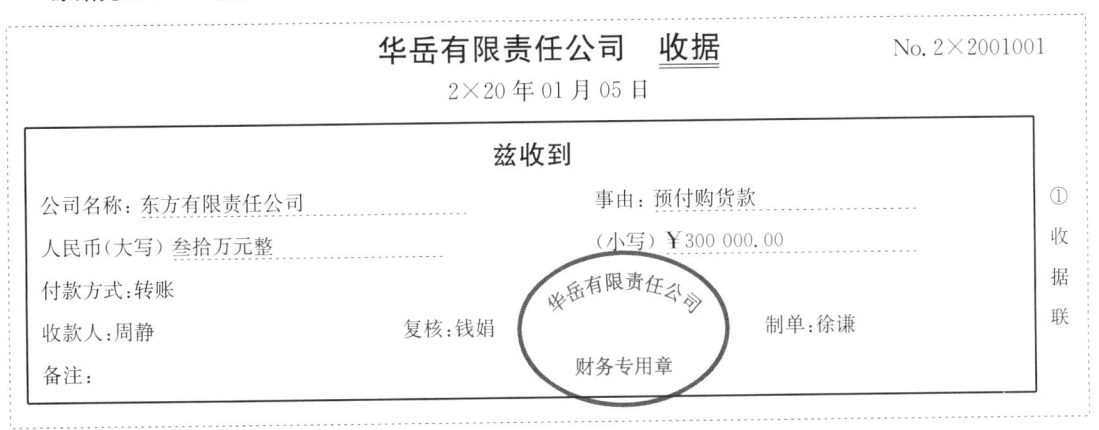

原始凭证6-2　收据

原始凭证6-3　付款申请书

业务7 6日,从华硕有限责任公司购入丙材料2 000千克,单价为60元,增值税专用发票列明的价款为120 000元,税额为15 600元。货款尚未支付。

原始凭证7-1 增值税专用发票

	上海增值税专用发票					No. 56236961	
3100201130	发票联					开票日期:2×20年01月06日	

购买方	名　　　称:东方有限责任公司 纳税人识别号:310117154008089639 地　址、电　话:上海市松江文翔路3000号　021-67826789 开户行及账号:工行上海市分行松江支行　6222200088867891258	密码区	(略)

货物或应税劳务、服务名称	规格型号	单位	数量	单价	金额	税率	税额
丙材料		千克	2000	60.00	120000.00	13%	15600.00
合　　计					¥120000.00		¥15600.00

价税合计(大写)	⊗壹拾叁万伍仟陆佰元整	(小写)¥135600.00

销售方	名　　　称:华硕有限责任公司 纳税人识别号:310118325137289623 地　址、电　话:上海市青浦青湖路10号　021-59738562 开户行及账号:工行上海市分行青浦支行　6222320077723583965	备注	华硕有限责任公司 310118325137289623 发票专用章

收款人:张娴　　复核:李莉　　开票人:薛华　　销售方:(章)

业务8 7日,收到华岳有限责任公司发来的乙材料2 500千克,单价为100元,增值税专用发票列明的价款为250 000元,税额为32 500元,款项已预付(见业务6)。

原始凭证8-1　增值税专用发票

上海增值税专用发票　　No. 65263978

3100201130

开票日期：2×20年01月07日

购买方	名　　称：东方有限责任公司 纳税人识别号：3101171540008089639 地　址、电　话：上海市松江文翔路3000号　021-67826789 开户行及账号：工行上海市分行松江支行　6222200088867891258	密码区	（略）

货物或应税劳务、服务名称	规格型号	单位	数量	单价	金额	税率	税额
乙材料		千克	2500	100.00	250000.00	13%	32500.00
合　计					¥250000.00		¥32500.00

价税合计（大写）	⊗贰拾捌万贰仟伍佰元整	（小写）¥282500.00

销售方	名　　称：华岳有限责任公司 纳税人识别号：3101153251276581 34 地　址、电　话：上海市浦东新区祖冲之路600号　021-58558576 开户行及账号：工行上海市分行张江支行　6223321066632673855	备注	（华岳有限责任公司 3101153251276581 34 发票专用章）

收款人：周静　　　复核：钱娟　　　开票人：陈彤　　　销售方：(章)

业务9　8日，以银行存款支付给华通运输公司运输上述甲、乙材料的运费。增值税专用发票列明的甲材料运费为12 000元，税额为1 080元；乙材料运费为10 000元，税额为900元。

原始凭证9-1　转账支票

中国工商银行　转账支票　　No. MN265264

中国工商银行
转账支票存根
No. MN265264

附加信息：_____

出票日期：2×20年01月08日
收款人：华通运输公司
金　额：¥23 980.00
用　途：运费
单位主管：丁宁　会计：王芳

出票日期(大写)：贰×贰零年零壹月零捌日　付款行名称：工行上海市分行松江支行
收款人：华通运输公司　　　　　　　　　出票人账号：6222200088867891258

人民币 (大写)	贰万叁仟玖佰捌拾元整	千	百	十万	千	百	十	元	角	分
				¥	2	3	9	8	0	0

用途：运费

上列款项请从我账户内支付

（东方有限责任公司　财务专用章）　（然孟印浩）　复核　记账　验印

出票人签章

原始凭证9-2 增值税专用发票

上海增值税专用发票

No. 78268136

3100201130

发票联

开票日期：2×20年01月08日

| 购买方 | 名　　　　称：东方有限责任公司
纳税人识别号：310117154008089639
地　址、电　话：上海市松江文翔路3000号　021-67826789
开户行及账号：工行上海市分行松江支行　6222200088867891258 | 密码区 | （略） |

货物或应税劳务、服务名称	规格型号	单位	数量	单价	金额	税率	税额
甲材料运费					12000.00	9%	1080.00
乙材料运费					10000.00	9%	900.00
合　　计					￥22000.00		￥1980.00

| 价税合计（大写） | ⊗贰万叁仟玖佰捌拾元整 | （小写）￥23980.00 |

| 销售方 | 名　　　　称：华通运输公司
纳税人识别号：310117155938967688
地　址、电　话：上海市松江乐都路666号　021-67215555
开户行及账号：工行上海市分行松江支行　6222280088867272689 | 备注 | 起运地：华为有限责任公司，上海市闵行顾戴路60号（甲材料）；华岳有限责任公司，上海市浦东新区祖冲之路600号（乙材料）
目的地：东方有限责任公司，上海市松江文翔路3000号 |

（华通运输公司 310117155938967688 发票专用章）

收款人：刘晓　　复核：李欢　　开票人：陈彤　　销售方：（章）

税总函（2×20）659号中钞光华印制有限公司

第三联　发票联　购买方记账凭证

原始凭证9-3 付款申请书

东方有限责任公司　付款申请书

No. 11104

2×20年01月08日

用途及情况	金　　　　额										收款单位（人）：华通运输公司
支付采购材料运杂费	亿	千	百	十	万	千	百	十	元	角	分	账号：6222280088867272689
				￥	2	3	9	8	0	0	0	开户行：工行上海市分行松江支行
金额大写（合计）	贰万叁仟玖佰捌拾元整											电汇 □　转账 □　网银 ■　其他 □

总经理	丁宁	财务部门	经理	蒋欣	申请部门	经理	王平
			会计	王芳		经办人	陈玉

② 记账联

业务10 9日,甲、乙材料已验收入库,计算并结转已验收入库材料的实际采购成本。

原始凭证10-1　收料单

东方有限责任公司　收料单

No.00101

供货单位:华为有限责任公司

发票号码:No.18769606　　2×20年01月09日　　仓库:材料仓库

材料名称	规格	计量单位	数量		单价	金额	运杂费	采购成本	
			应收	实收				总成本	单位成本
甲材料		千克	3 000	3 000	80.00	240 000.00	12 000.00	252 000.00	84.00
合　　计								￥252 000.00	￥84.00

验收:李君　　　　　　　仓库保管员:李君　　　　　　　制单:李梅

② 记账联

原始凭证10-2　收料单

东方有限责任公司　收料单

No.00102

供货单位:华岳有限责任公司

发票号码:No.65263978　　2×20年01月09日　　仓库:材料仓库

材料名称	规格	计量单位	数量		单价	金额	运杂费	采购成本	
			应收	实收				总成本	单位成本
乙材料		千克	2 500	2 500	100.00	250 000.00	10 000.00	260 000.00	104.00
合　　计								￥260 000.00	￥104.00

验收:李君　　　　　　　仓库保管员:李君　　　　　　　制单:李梅

② 记账联

业务 11 10 日,缴纳上月税金 185 000 元。

原始凭证 11-1 电子缴款凭证

电子缴款凭证(上海版)

打印日期:2×20 年 01 月 10 日　　　　　　No.2×20011000000002

纳税人识别号	310117154008089		税务征收机关		上海市松江区税务局	
纳税人名称	东方有限责任公司		收款国库		国家金库上海市分库松江区支库	
开户银行	工行上海市分行松江支行		银行账号		6222200088867891258	
系统税票号	税(费)种	税(品)目	所属时期		实缴金额	缴款日期
620110×088036689	企业所得税	—	2×200101~2×200131		119 000.00	2×200210
620110×088036689	增值税	销售货物	2×200101~2×200131		60 000.00	2×200210
620110×088036689	城市维护建设税	市区	2×200101~2×200131		4 200.00	2×200210
620110×088036689	教育费附加	—	2×200101~2×200131		1 800.00	2×200210
——以下空白——						
金额合计	(大写)⊗壹拾捌万伍仟元整				(小写)¥185 000.00	

本缴款凭证仅作为纳税人记账核算凭证使用,需与银行对账单电子划缴记录核对一致方有效。纳税人需开具完税证明,请凭税务登记证和有效身份证明,到主管税务机关开具《税收电子转账专用完税证》。
税务机关(电子章)

电子签名串:UpCNKKNNNZnZwfG8A＋ePErz10
eG0XyZmXArb4mGjROwIDmtBvUEU5i8f9o9j2Zr27uL
lqmgV5r1zJN5dvg2jXuYPgPXJY8yK7H1uDmwMTU0
YqpHRTw6Zw7IFYJSAmJES3WR4p0＋cF18SBlCEg
IlsrivBAGhhbucLC5NC＋7Kr8Bs＝

原始凭证 11-2 付款申请书

东方有限责任公司　付款申请书

No.11105

2×20 年 01 月 10 日

用途及情况	金　额										收款单位(人):国家金库上海市分库松江区支库	
	亿	千	百	十	万	千	百	十	元	角	分	
缴纳上月份税金				¥	1	8	5	0	0	0	0	账号:6222200088867891258
												开户行:工行上海市分行松江支行
金额大写(合计)	壹拾捌万伍仟元整											电汇 □　转账 ■　网银 □　其他 □
总经理	丁宁		财务部门		经理		蒋欣		申请部门	经理		蒋欣
					会计		王芳			经办人		张燕

② 记账联

业务 12 11 日,生产车间领用材料。其中:甲材料 1 800 千克;乙材料 1 000 千克;丙材料 200 千克。登记原材料明细账。

原始凭证 12-1　领料单

东方有限责任公司　领料单

No.11003

领用部门：生产车间　　　2×20 年 01 月 11 日　　　仓库：材料仓库

材料名称及规格	用途	计量单位	数量	
			请领	实领
甲材料	生产 A 产品	千克	1 800	1 800
合　　计			1 800	1 800

仓库保管员：李君　　　领料部门主管：闫妮　　　领料人：江珊

② 记账联

原始凭证 12-2　领料单

东方有限责任公司　领料单

No.11004

领用部门：生产车间　　　2×20 年 01 月 11 日　　　仓库：材料仓库

材料名称及规格	用途	计量单位	数量	
			请领	实领
乙材料	生产 B 产品	千克	1 000	1 000
合　　计			1 000	1 000

仓库保管员：李君　　　领料部门主管：闫妮　　　领料人：江珊

② 记账联

原始凭证 12-3　限额领料单(续)

东方有限责任公司　限额领料单

No.10001

领用部门：生产车间　　　　　　2×20年01月　　　　　　仓库：材料仓库

材料名称及规格	用途	计量单位	单价(元)	全月领用限额（千克）	全月实用	
					数量	金额
丙材料	一般性耗用	千克	65.00	600		

供应部门负责人：王一　　　　　生产计划部门负责人：曹军

日期	请领		实发			退库		限额结余（千克）
	数量	领料单位负责人	数量	发料人	领料人	数量	退库单编号	
01/01	200	闫妮	200	李君	江珊			400
01/11	200	闫妮	200	李君	江珊			200
合计								

仓库负责人：赵明

② 记账联

业务 13　12日，从银行提现 2 000 元，以备零星开支。

原始凭证 13-1　现金支票

中国工商银行
现金支票存根
No. MN124531

附加信息：_____
_____
_____

出票日期：2×20年01月12日
收款人：东方有限责任公司
金　额：￥2 000.00
用　途：备用金
单位主管：丁宁　会计：王芳

中国工商银行　现金支票　No. MN124531

出票日期(大写)贰×贰零年零壹月壹拾贰日　　付款行名称：工行上海市分行松江支行
收款人：东方有限责任公司　　　　　　　　　　出票人账号：6222200088867891258

人民币(大写)	贰仟元整	千	百	十	万	千	百	十	元	角	分
						￥	2	0	0	0	0

用途：备用金
上列款项请从我账户内支付

（东方有限责任公司 财务专用章）
（孟然印浩）

出票人签章

复核
记账
验印

原始凭证 13-2　付款申请书

东方有限责任公司　付款申请书

No.11106

2×20 年 01 月 12 日

用途及情况	金　额										收款单位(人):东方有限责任公司
备用金	亿	千	百	十	万	千	百	十	元	角	分	账号:6222200088867891258
					¥	2	0	0	0	0	0	开户行:工行上海市分行松江支行
金额大写(合计)	贰仟元整								电汇 □　转账 ■　网银 □　其他 □			
总经理	丁宁	财务部门			经理		蒋欣		申请部门	经理	蒋欣
					会计		王芳			经办人	张燕

②记账联

业务 14　12 日,车间管理人员朱阳购买生产车间用办公用品,以现金支付 550 元。

原始凭证 14-1　现金付款凭单

东方有限责任公司　现金付款凭单

No.0101001

2×20 年 01 月 12 日　　附单据　1　张

受款单位	上海园迈贸易有限公司	
付款用途	支付办公用品款	
金额人民币大写(合计)	伍佰伍拾元整	¥550.00
财务主管:蒋欣　记账:王芳　出纳:张燕　部门主管:闫妮　制单:张燕		
		领款人签字(盖章):朱阳

②记账联

原始凭证14-2　增值税普通发票

原始凭证14-3　办公用品领用单

东方有限责任公司　办公用品领用单　No.010101

领用部门：生产车间　　　2×20年01月12日

办公品名称	计量单位	数量	单价	金额	领用人
计算器	个	1	160.00	160.00	齐新
钢笔	只	1	170.00	170.00	齐新
笔记本	本	4	55.00	220.00	齐新
合　计				￥550.00	

经办人：朱阳

② 记账联

业务15　18日，向汇金股份有限公司销售A产品150件，单价为4 000元，增值税专用发票列明的价款为600 000元，税额为78 000元；销售B产品100件，单价为3 000元，增值税专用发票列明的价款为300 000元，税额为39 000元。货已发出，款项1 017 000元已通过银行转账收讫。

原始凭证 15-1　增值税专用发票

上海增值税专用发票

3100201130　　　　　　　　　　　　　　　　　　　　　　　　　　　No. 02371728

此联不作报销、扣税凭证使用

开票日期：2×20 年 01 月 18 日

购买方	名　　称：汇金股份有限公司 纳税人识别号：3101131652325891 69 地址、电话：上海市宜山路 900 号　021-64233333 开户行及账号：工行上海市分行徐汇支行　6222200066642138756	密码区	（略）

货物或应税劳务、服务名称	规格型号	单位	数量	单价	金额	税率	税额
A 产品		件	150	4000.00	600000.00	13%	78000.00
B 产品		件	100	3000.00	300000.00	13%	39000.00
合　计					¥900000.00		¥117000.00

价税合计（大写）　⊗壹佰零壹万柒仟元整　　　　　　　　　　（小写）¥1017000.00

销售方	名　　称：东方有限责任公司 纳税人识别号：3101171540080896 39 地址、电话：上海市松江文翔路 3000 号　021-67826789 开户行及账号：工行上海市分行松江支行　6222200088867891258	备注	

收款人：张燕　　　　　复核：李云　　　　　开票人：赵浩　　　　　销售方：（章）

税总函（2×20）659号中钞光华印制有限公司

第一联　记账联　销售方记账凭证

原始凭证 15-2　进账单

中国工商银行上海市分行　进账单　（回单或收账通知）　1

交款日期 2×20 年 01 月 18 日　　　　　　　　第 07569 号

出票人	全称	汇金股份有限公司	收款人	全称	东方有限责任公司
	账号	6222200066642138756		账号	6222200088867891258
	开户银行	工行上海市分行徐汇支行		开户银行	工行上海市分行徐汇支行

人民币（大写）：壹佰零壹万柒仟元整	千	百	十	万	千	百	十	元	角	分
	¥	1	0	1	7	0	0	0	0	0

票据种类	支票	票据张数	1 张	中国工商银行 上海市分行松江支行 业务专用章 2×20.01.18
票据号码	PQ235761			

备注：投资款

单位主管：丁宁　会计：王芳　复核：刘洋　记账：赵亮　　　　　（收款人开户银行盖章）

原始凭证 15-3　产品出库单①

东方有限责任公司　产品出库单

编号：01101
仓库：成品仓库

购货单位：汇金股份有限公司　　　　2×20 年 01 月 18 日

品种	编号	规格	计量单位	数量 销售	数量 实发
A 产品			件	150	150
合　计				150	150

仓库主管：赵明　　　　　　　记账：林双　　　　　　　发货人：李洋

②记账联

原始凭证 15-4　产品出库单

东方有限责任公司　产品出库单

编号：01102
仓库：成品仓库

购货单位：汇金股份有限公司　　　　2×20 年 01 月 18 日

品种	编号	规格	计量单位	数量 销售	数量 实发
B 产品			件	100	100
合　计				100	100

仓库主管：李洋　　　　　　　记账：林双　　　　　　　发货人：江华

②记账联

业务 16　20 日，向中天股份有限公司销售 B 产品 50 件，单价为 3 000 元，增值税专用发票上列明的价款为 150 000 元，税额为 19 500 元，共计 169 500 元，货款尚未收到。

原始凭证 16-1　增值税专用发票

3100201130

上海增值税专用发票

No. 02371729

此联不作报销抵扣税凭证使用

开票日期：2×20 年 01 月 20 日

税总函(2×20)659 号中钞光华印制有限公司

购买方	名　　称：中天股份责任公司 纳税人识别号：3101161551436691 23 地　址、电　话：上海市闵行区星东路 459 号　021-51268707 开户行及账号：工行上海市分行闵行支行　6222200077773412859	密码区	（略）

货物或应税劳务、服务名称	规格型号	单位	数量	单价	金额	税率	税额
B 产品		件	50	3000.00	150000.00	13%	19500.00
合　计					￥150000.00		￥19500.00

价税合计（大写）　⊗壹拾陆万玖仟伍佰元整　　　　（小写）￥169500.00

销售方	名　　称：东方有限责任公司 纳税人识别号：310117154008089639 地　址、电　话：上海市松江文翔路 3000 号　021-67826789 开户行及账号：工行上海市分行松江支行　6222200088867891258	备注	

收款人：张燕　　　复核：李云　　　开票人：赵浩　　　销售方：(章)

第一联　记账联　销售方记账凭证

---

① 产品出库单用于月末一次结转发出产品的成本。销售成本于期末一次结转。

原始凭证 16-2　产品出库单

东方有限责任公司　产品出库单

编号:01103
购货单位:中天股份有限公司　　2×20年01月20日　　仓库:成品仓库

品种	编号	规格	计量单位	数量	
				销售	实发
B产品			件	50	50
合　计				50	50

仓库主管:赵明　　　　　　　记账:林双　　　　　　　发货人:李洋

②记账联

业务 17　21日,生产车间领用材料(其中:丙材料200千克),月末登记原材料明细账。

原始凭证 17-1　限额领料单(续)

东方有限责任公司　限额领料单

No.10001
领用部门:生产车间　　2×20年01月　　仓库:材料仓库

材料名称及规格	用途	计量单位	单价(元)	全月领用限额(千克)	全月实用	
					数量	金额
丙材料	一般性耗用	千克	65.00	600	600	¥39 000.00

供应部门负责人:王一　　　　　　生产计划部门负责人:曹军

日期	请领		实发			退库		限额结余(千克)
	数量	领料单位负责人	数量	发料人	领料人	数量	退库单编号	
01/01	200	闫妮	200	李君	江珊			400
01/11	200	闫妮	200	李君	江珊			200
01/21	200	闫妮	200	李君	江珊			0
合　计			600					0

仓库负责人:赵明

②记账联

业务 18 22日,按合同规定预收购货单位中信股份有限公司货款 140 000 元,存入银行。

原始凭证 18-1 进账单

中国工商银行上海市分行　进账单

（回单或收账通知）　1

交款日期 2×20 年 01 月 22 日　　　第 07570 号

出票人	全称	中信股份有限公司	收款人	全称	东方有限责任公司
	账号	6222200011112387654		账号	6222200088867891258
	开户银行	工行上海市分行黄浦支行		开户银行	工行上海市分行松江支行

				千	百	十	万	千	百	十	元	角	分
人民币(大写)：壹拾肆万元整					¥	1	4	0	0	0	0	0	0

票据种类	支票	票据张数	1张
票据号码	SH201356		

中国工商银行
上海市分行松江支行
业务专用章
2×20.01.22

（收款人开户银行盖章）

备注：预收货款

单位主管：丁宁　会计：王芳　复核：赵亮　记账：张燕

此联是收款人开户银行交给收款人的回单或收账通知

原始凭证 18-2 收据

东方有限责任公司　收据

No.2×200101

2×20 年 01 月 22 日

兹收到

公司名称：中信股份有限公司　　　　事由：预付购货款

人民币(大写)：壹拾肆万元整　　　　(小写) ¥140 000.00

付款方式：转账支票

收款人：张燕　　　复核：王芳　　　制单：张燕

东方有限责任公司
财务专用章

备注：

② 记账联

业务 19 25 日,向中信股份有限公司发运 A 产品 30 件,单价为 4 000 元,增值税专用发票上列明的价款为 120 000 元,税额为 15 600 元,共计 135 600 元,款项已预收(见业务 18)。

原始凭证 19-1 增值税专用发票

上海增值税专用发票

No. 02371730

此联不作报销、扣税凭证使用　开票日期:2×20 年 01 月 25 日

购买方	名　称:中信股份有限公司 纳税人识别号:310101166304013233 地址、电话:上海市黄浦区福州路 69 号　021-23204888 开户行及账号:工行上海市分行黄浦支行　6222200011112387654	密码区	(略)

货物或应税劳务、服务名称	规格型号	单位	数量	单价	金额	税率	税额
A 产品		件	30	4000.00	120000.00	13%	15600.00
合　计					¥120000.00		¥15600.00

价税合计(大写)　⊗壹拾叁万伍仟陆佰元整　　(小写)¥135600.00

销售方	名　称:东方有限责任公司 纳税人识别号:310117154008089639 地址、电话:上海市松江文翔路 3000 号　021-67826789 开户行及账号:工行上海市分行松江支行　6222200088867891258	备注	东方有限责任公司 310117154008089639 发票专用章

收款人:张燕　　　复核:李云　　　开票人:赵浩　　　销售方:(章)

原始凭证 19-2 产品出库单

东方有限责任公司　产品出库单

编号:01104　　仓库:成品仓库

购货单位:中信股份有限公司　　2×20 年 01 月 25 日

品种	编号	规格	计量单位	数量	
				销售	实发
A 产品			件	30	30
合　计				30	30

仓库主管:赵明　　　　　　　记账:林双　　　　　　　发货人:李洋

业务20 26日,厂部管理人员报销差旅费3 340元。报销的差旅费直接转入该管理人员信用卡。

原始凭证20-1 增值税普通发票(住宿)

3300202620		**杭州增值税普通发票**				No.1876960
					开票日期:2×20年01月26日	

购买方	名称: 东方有限责任公司 纳税人识别号:310117154008089639 地址、电话:上海市松江文翔路3000号 021-67826789 开户行及账号:工行上海市分行松江支行 6222200088867891258	密码区	(略)

货物或应税劳务、服务名称	规格型号	单位	数量	单价	金额	税率	税额
房费		天	3	500.00	1500.00	6%	90.00
合 计					¥1500.00		¥90.00

价税合计(大写)	⊗壹仟伍佰玖拾元整	(小写)¥1590.00

销售方	名称: 杭州华侨饭店有限责任公司 纳税人识别号:330100156225634368 地址、电话:杭州市上城区滨湖路39号 0571-87685555 开户行及账号:交通银行杭州市分行众安支行 6234081033166110010	备注	杭州华侨饭店有限责任公司 330100156225634368 发票专用章

收款人:徐敏	复核:张诚	开票人:王毅	销售方:(章)

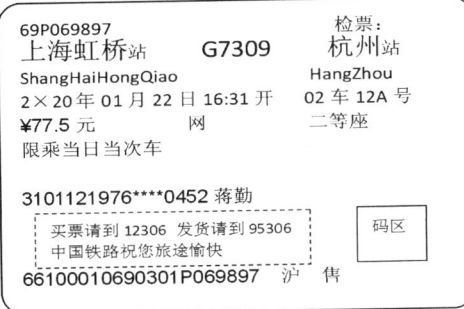

原始凭证20-2 火车票

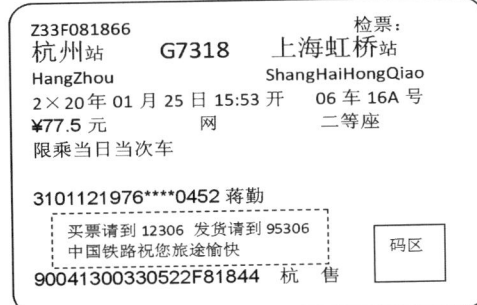

原始凭证20-4 火车票

原始凭证20-3 火车票

原始凭证20-5 火车票

原始凭证 20-6　银行业务回单(付款)凭证

ICBC 中国工商银行　业务回单(付款)　凭证

入账日期:2×20 年 01 月 26 日　　　回单编号:16342000069　　　No.33277915
付款人户名:东方有限责任公司
付款人账号:6222200088867891258
付款人开户银行:工行上海市分行松江支行
收款人户名:蒋勤
收款人账号:6222200062122610010
收款人开户银行:工行上海市分行松江支行
币种:人民币(本位币)　　　　　　　金额(小写):￥3 340.00
金额(大写):叁仟叁佰肆拾元整
凭证种类:—　　　　　　　　　　　凭证号:—
业务(产品)种类:收付款　　　　　　摘要:差旅费　　　　　　　　　渠道:—
交易机构:0100107396　记账柜员:00029　交易代码:41248　　　　用途:差旅费
指令编号:CMM793016628-1　　　　提交人:DongFang.y.1001　　　最终授权人:
流水号:—　　起息日:2×20-01-26　　汇款币种/金额:人民币(本位币)￥3 340.00　附言:

原始凭证 20-7　差旅费报销单

东方有限责任公司　差旅费报销单

部门:销售部　　　　报销日期:2×20 年 01 月 26 日

出差人	蒋勤、刘波		共2人	事由		洽谈业务		自01月22日起至01月25日止			共4天
月/日	出发地	月/日	到达地	交通费				住宿费	市内交通及伙食补贴	其他	合计金额
				飞机	火车	轮船	长途汽车			摘要 / 金额	
01/22	上海	01/22	杭州		155.00			1 590.00	1 440.00		3 340.00
01/25	杭州	01/25	上海		155.00						
合计:人民币(大写)叁仟叁佰肆拾元整											￥3 340.00
非现金划转收款人信息				姓名	蒋勤		工号	19980026		财务审核	张燕
单位主管:丁宁				部门负责人:吴斌			复核:赵亮			报销人:蒋勤	

附件张数 5 张

原始凭证 20-8　付款申请书

东方有限责任公司　付款申请书　No.11107
2×20 年 01 月 26 日

用途及情况	金　额										收款单位(人)：蒋勤	②记账联
	亿	千	百	十	万	千	百	十	元	角	分	
差旅费					¥	3	3	4	0	0	0	账号：6222200062122610010
												开户行：工行上海市分行松江支行
金额大写(合计)	叁仟叁佰肆拾元整											电汇 □　转账 □　网银 ■　其他 □
总经理	丁宁	财务部门		经理		蒋欣		申请部门		经理		吴斌
				会计		王芳				经办人		蒋勤

业务 21　28 日，以银行存款支付广告费 11 320 元。

原始凭证 21-1　增值税普通发票

原始凭证 21-2　付款申请书

东方有限责任公司　付款申请书　No.11108
2×20 年 01 月 28 日

用途及情况	金　额										收款单位(人)：上海君成广告有限公司	②记账联
	亿	千	百	十	万	千	百	十	元	角	分	
广告费					¥1	1	3	2	0	0	0	账号：6222200088867891258
												开户行：工行上海市分行松江支行
金额大写(合计)	壹万壹仟叁佰贰拾元整											电汇 □　转账 □　网银 ■　其他 □
总经理	丁宁	财务部门		经理		蒋欣		申请部门		经理		高洁
				会计		王芳				经办人		王娟

原始凭证 21-3　转账支票

中国工商银行
转账支票存根
No. MN265265

附加信息：＿＿＿＿

出票日期：2×20年01月28日

收款人：上海君成广告有限公司
金　额：￥11 320.00
用　途：广告费
单位主管：丁宁　会计：王芳

中国工商银行　转账支票　No. MN265265

出票日期(大写)贰×贰零年零壹月贰拾捌日　付款行名称：工行上海市分行松江支行
收款人：上海君成广告有限公司　出票人账号：6222200088867891258

人民币(大写)壹万壹仟叁佰贰拾元整　￥11320.00

用途：广告费
上列款项请从我账户内支付

(东方有限责任公司 财务专用章)
(然孟印浩)

复核
记账
验印

出票人签章

业务22　30日，以银行存款支付水电费。增值税专用发票列明：水费为11 500元，增值税税额为1 035元；电费为14 500元，增值税税额为1 885元。水电费在生产车间与厂部行政管理部门之间按0.625∶0.375的比例分配。

原始凭证 22-1　增值税专用发票

3100201130

上海增值税专用发票　No. 01291609

开票日期：2×20年01月30日

税总函(2×20)659号中钞光华印制有限公司

| 购买方 | 名　称：东方有限责任公司
纳税人识别号：310117154008089639
地址、电话：上海市松江文翔路3000号　021-67826789
开户行及账号：工行上海市分行松江支行　6222200088867891258 | 密码区 | (略) |

货物或应税劳务、服务名称	规格型号	单位	数量	单价	金额	税率	税额
工业用水		立方米	2 300	5.00	11500.00	9%	1035.00
合　计					￥11500.00		￥1035.00

价税合计(大写)　⊗壹万贰仟伍佰叁拾伍元整　(小写)￥12535.00

| 销售方 | 名　称：上海市松江自来水公司
纳税人识别号：310117114632674280
地址、电话：上海市松江玉树路2625号　021-57705667
开户行及账号：工行上海市分行松江支行　6222200088867543678 | 备注 | (上海市松江自来水公司 310117114632674280 发票专用章) |

收款人：周静　　复核：钱娟　　开票人：陈彤　　销售方：(章)

原始凭证 22-2　增值税专用发票

上海增值税专用发票

3100201130　　　　　　　　　　　　　　　　　　　　　　　　　　　　No. 10257032

开票日期：2×20 年 01 月 30 日

购买方	名　　称：东方有限责任公司 纳税人识别号：310117154008089639 地　址、电话：上海市松江文翔路 3000 号　021-67826789 开户行及账号：工行上海市分行松江支行　6222200088867891258	密码区	（略）

货物或应税劳务、服务名称	规格型号	单位	数量	单价	金额	税率	税额
工业用电	一般峰时段 平时段 谷时段	千瓦时	5000 10000 5000	1.025 0.725 0.425	5125.00 7250.00 2125.00	13% 13% 13%	666.25 942.50 276.25
合　计					￥14500.00		￥1885.00
价税合计（大写）	⊗壹万陆仟叁佰捌拾伍元整				（小写）￥16385.00		

销售方	名　　称：国网上海市电力公司 纳税人识别号：310101114424671239 地　址、电话：南京东路 181 号　021-28925222 开户行及账号：工行上海市分行黄浦支行　6222200011112345678	备注	国网上海市电力公司 310101114424671239 发票专用章

收款人：周静　　　　复核：钱娟　　　　开票人：陈彤　　　　销售方：（章）

原始凭证 22-3　委托收款凭证

中国工商银行　委托收款凭证（付款通知）　　第 3 号

委托日期：2×20 年 01 月 30 日　　　　　No.010768

付款人	全　称	东方有限责任公司	收款人	全　称	上海市松江自来水公司
	账　号	6222200088867891258		账　号	6222200088867543678
	开户银行	工行上海市分行松江支行		开户银行	工行上海市分行松江支行

托收金额	人民币 （大写）	壹万贰仟伍佰叁拾伍元整	千	百	十	万	千	百	十	元	角	分
					￥	1	2	5	3	5	0	0

附件		付款内容		合同名称	
附寄单证张数	1	本月水费		托收水费	

备注：	款项支付日期：	付款行签章： 中国工商银行 上海市分行松江支行 业务专用章 2×20.01.30
单位主管：　会计：　复核：　记账：刘倩	2×20 年 01 月 30 日	

原始凭证 22-4 委托收款凭证

中国工商银行 委托收款凭证（付款通知） 3   第 号

委托日期：2×20 年 01 月 30 日   No.010896

付款人	全 称	东方有限责任公司	收款人	全 称	国网上海市电力公司
	账 号	6222200088867891258		账 号	6222200011112345678
	开户银行	工行上海市分行松江支行		开户银行	工行上海市分行黄埔支行

托收金额	人民币（大写）	壹万陆仟叁佰捌拾伍元整	千 百 十 万 千 百 十 元 角 分
			￥ 1 6 3 8 5 0 0

附件	付款内容	合同名称
附寄单证张数 1	本月电费	托收电费

备注：

款项支付日期：2×20 年 01 月 30 日

付款行签章：
中国工商银行
上海市分行松江支行
业务专用章
2×20.01.30

单位主管： 会计： 复核： 记账：刘茜

此联为付款人开户行交付款人按期付款的通知。

原始凭证 22-5 水电费分配表

东方有限责任公司 水电费分配表

2×20 年 01 月   金额单位：元

车间或部门	会计科目	明细科目	分配率	分配金额
生产车间	制造费用	水电费	62.50%	16 250.00
行政管理部门	管理费用	水电费	37.50%	9 750.00
合　计			100.00%	￥26 000.00

审核：王芳   制表：赵亮

业务 23 31 日,根据本月发料凭证汇总表,结转发出材料成本。本月发出的材料及用途如下:甲材料 193 200 元,A 产品耗用 193 200 元;乙材料 135 200 元,B 产品耗用 135 200 元;车间一般耗用丙材料 39 000 元。

原始凭证 23-1 发料凭证汇总表①

东方有限责任公司 发料凭证汇总表

2×20 年 01 月   金额单位:元

科目		原材料								合计
		甲材料			乙材料			丙材料		
		数量	单位成本	金额	数量	单位成本	金额	数量	单位成本	金额	
生产成本	A产品	2 300	84.00	193 200.00							193 200.00
	B产品				1 300	104.00	135 200.00				135 200.00
制造费用								600	65.00	39 000.00	39 000.00
合 计				¥193 200.00			¥135 200.00			¥39 000.00	¥367 400.00

审核:王芳   制表:赵亮

附件 5 张

业务 24 31 日,根据本月"职工薪酬汇总表"编制"职工薪酬分配表",本月应付职工薪酬总额为 260 000 元。其中:A 产品生产工人薪酬 120 000 元,B 产品生产工人薪酬 80 000 元,车间管理人员薪酬 20 000 元,厂部行政管理人员薪酬 40 000 元。

原始凭证 24-1 职工薪酬汇总表

东方有限责任公司 职工薪酬汇总表

2×20 年 01 月   单位:元

职工类别	基本工资	岗位工资	奖金	应付职工薪酬总额
生产A产品工人	60 000.00	40 000.00	20 000.00	120 000.00
生产B产品工人	40 000.00	25 000.00	15 000.00	80 000.00
车间管理人员	10 000.00	6 000.00	4 000.00	20 000.00
厂部行政管理人员	20 000.00	12 000.00	8 000.00	40 000.00
合 计	¥130 000.00	¥83 000.00	¥47 000.00	¥260 000.00

审核:王芳   制表:赵亮

---

① 根据领料单、限额领料单填制发料凭证汇总表,然后将附件 5 张(4 张领料单和 1 张限额领料单)附在发料凭证汇总表后面,6 张凭证左上角对齐,用回形针别住或长尾票夹夹住。

原始凭证 24-2　职工薪酬分配表

东方有限责任公司　职工薪酬分配表

2×20 年 01 月　　　　　　　　　　　　　　　　　　　　单位:元

部门		借方科目	贷方科目	应付职工薪酬
生产车间	生产 A 产品工人	生产成本	A 产品	120 000.00
	生产 B 产品工人	生产成本	B 产品	80 000.00
	车间管理人员	制造费用	职工薪酬	20 000.00
厂部行政管理人员		管理费用	职工薪酬	40 000.00
合　计				￥260 000.00

审核:王芳　　　　　　　　　　　　　　　　　　　　　　制表:赵亮

业务 25　31 日,计提本月固定资产折旧 65 000 元,其中,车间 44 200 元,厂部 20 800 元。

原始凭证 25-1　固定资产折旧计算表

东方有限责任公司　固定资产折旧计算表

2×20 年 01 月　　　　　　　　　　　　　　　　　　　金额单位:元

会计科目	明细科目	固定资产	固定资产原值				月折旧率	本月折旧额
			月初余额	本期增加	本期减少	月末余额		
制造费用	折旧费	建筑物	600 000.00			600 000.00	4%	24 000.00
		机器设备	1 010 000.00			1 010 000.00	2%	20 200.00
		小　计	1 610 000.00			1 610 000.00		44 200.00
管理费用	折旧费	建筑物	400 000.00			400 000.00	4%	16 000.00
		机器设备	240 000.00			240 000.00	2%	4 800.00
		小　计	640 000.00			640 000.00		20 800.00
合　计			￥2 250 000.00			￥2 250 000.00		￥65 000.00

审核:王芳　　　　　　　　　　　　　　　　　　　　　　制表:赵亮

业务 26 31 日,归集、分配并结转制造费用至"生产成本"账户(按生产工人薪酬比例分配)。

原始凭证 26-1　制造费用分配表

东方有限责任公司　制造费用分配表

2×20 年 01 月　　　　　　　　单位:元

借方科目	明细科目	分配标准(生产工人薪酬)	分配率	制造费用分配金额
生产成本	A 产品	120 000.00		72 000.00
	B 产品	80 000.00		48 000.00
合　　计		¥200 000.00	0.6	¥120 000.00

审核:王芳　　　　　　　　　　　　　　　　　　　制表:赵亮

业务 27 31 日,计算并结转已完工验收入库产成品的生产成本。其中:A 产品本月完工 200 件,月末在产品 80 件;B 产品本月完工 200 件,月末在产品 40 件。

A 产品的月初在产品成本为 4 800 元,其中:直接材料 4 000 元,直接人工 600 元,制造费用 200 元;月末在产品成本为 10 000 元,其中:直接材料 4 800 元,直接人工 3 000 元,制造费用 2 200 元。

B 产品的月初在产品成本为 6 800 元,其中:直接材料 5 800 元,直接人工 700 元,制造费用 300 元;月末在产品成本为 10 000 元,其中:直接材料 6 800 元,直接人工 2 000 元,制造费用 1 200 元。

原始凭证 27-1　生产成本计算表

东方有限责任公司　生产成本计算表

完工数量:200 件

产品:A 产品　　　　2×20 年 01 月　　　在产品:80 件　金额单位:元

成本项目	直接材料	直接人工	制造费用	其他	合计
期初在产品成本	4 000.00	600.00	200.00		4 800.00
本月生产成本	193 200.00	120 000.00	72 000.00		385 200.00
生产成本累计	197 200.00	120 600.00	72 200.00		390 000.00
完工产品成本	192 400.00	117 600.00	70 000.00		380 000.00
完工产品单位成本	962.00	588.00	350.00		1 900.00
期末在产品成本	4 800.00	3 000.00	2 200.00		10 000.00

审核:王芳　　　　　　　　　　　　　　　　　　　制表:赵亮

原始凭证 27-2 生产成本计算表

东方有限责任公司 生产成本计算表

完工数量:200 件

产品:B 产品　　　　　　　2×20 年 01 月　　　在产品:40 件　　金额单位:元

成本项目	直接材料	直接人工	制造费用	其他	合计
期初在产品成本	5 800.00	700.00	300.00		6 800.00
本月生产成本	135 200.00	80 000.00	48 000.00		263 200.00
生产成本累计	141 000.00	80 700.00	48 300.00		270 000.00
完工产品成本	134 200.00	78 700.00	47 100.00		260 000.00
完工产品单位成本	671.00	393.50	235.50		1 300.00
期末在产品成本	6 800.00	2 000.00	1 200.00		10 000.00

审核:王芳　　　　　　　　　　　　　　　　　　　　　制表:赵亮

原始凭证 27-3 产品入库单

东方有限责任公司 产品入库单

No.01001

送检单位:生产车间　　　　　2×20 年 01 月 31 日　　　　仓库:成品仓库

名称	规格	计量单位	送检数量	实收数量
A 产品		件	200	200
		合　计	200	200

验收:李洋　　　　仓库保管员:李洋　　　　车间负责人:闫妮

② 记账联

原始凭证 27-4 产品入库单

东方有限责任公司 产品入库单

No.01002

送检单位:生产车间　　　　　2×20 年 01 月 31 日　　　　仓库:成品仓库

名称	规格	计量单位	送检数量	实收数量
B 产品		件	200	200
		合　计	200	200

验收:李洋　　　　仓库保管员:李洋　　　　车间负责人:闫妮

② 记账联

业务 28　31 日,计算并结转本月已销产品的生产成本。

原始凭证 28-1 库存商品发出汇总表[①]

东方有限责任公司 库存商品发出汇总表

2×20 年 01 月

商品名称	计量单位	销售数量	单位成本(元)	销售总成本(元)
A 产品	件	180	1 900.00	342 000.00
B 产品	件	150	1 300.00	195 000.00
合　计				¥537 000.00

审核:王芳　　　　　　　　　　　　　　　　　　制表:赵亮

附件 4 张

---

① 库存商品发出汇总表根据产品出库单填制。

业务 29 31日，按本月应纳增值税额的7%和3%计算并结转本月应交的城市维护建设税和教育费附加。

原始凭证 29-1 应交增值税计算表

东方有限责任公司　应交增值税计算表

2×20年01月　　　　　　　　　　　　　　　　　单位:元

项　目		销项税额	进项税额	应交增值税
销售	A产品	93 600.00		
	B产品	58 500.00		
	小　计	152 100.00		
购进	甲材料		32 280.00	
	乙材料		33 400.00	
	丙材料		15 600.00	
	小　计		81 280.00	
其他	水费		1 035.00	
	电费		1 885.00	
	小　计		2 920.00	
合　　计		￥152 100.00	￥84 200.00	￥67 900.00

财务负责人:蒋欣　　　　　　审核:王芳　　　　　　制表:赵亮

原始凭证 29-2 应交销售税费计算表

东方有限责任公司　应交销售税费计算表

2×20年01月　　　　　　　　　　　　　　　　金额单位:元

项　目	计税依据(应交增值税额)	计税(费)率	应交税(费)额
城市维护建设税	67 900.00	7%	4 753.00
教育费附加	67 900.00	3%	2 037.00
合　　计			￥6 790.00

财务负责人:蒋欣　　　　　　审核:王芳　　　　　　制表:赵亮

业务 30　31日,计提应由本月负担的短期借款利息1 000元。

原始凭证 30-1　利息计算表

东方有限责任公司　借款利息计算表
2×20年01月　　　　　　　　　　　金额单位:元

借款合同编号	借款期限	借款本金	年利率	本月利息
2×20010059	2×20.01.01～2×20.12.31	200 000.00	6%	1 000.00
合　　计				￥1 000.00

审核:王芳　　　　　　　　　　　　　　　　　　　制表:赵亮

业务 31　31日,计算并结转本月应交所得税。

原始凭证 31-1　应交所得税计算表

东方有限责任公司　应交所得税计算表
2×20年01月　　　　　　　　　　　金额单位:元

序号	项　　目	金　　额
一	税前会计利润	540 000.00
1	加:调增项目	
2	减:调减项目	
3	应纳税所得额	540 000.00
4	所得税税率	25%
二	应交所得税	135 000.00
1	递延所得税资产增加	
2	递延所得税负债增加	
三	所得税费用	135 000.00

财务负责人:蒋欣　　　　审核:王芳　　　　　　　　制表:赵亮

业务 32　31日,期末结转本期各损益类账户(除"所得税费用"账户外)的余额。

原始凭证 32-1　结转损益(收入)类账户

东方有限责任公司　损益(收入)类账户汇总表
2×20年01月　　　　　　　　　　　　单位:元

序号	损益(收入)类账户	贷方发生额(净额)
1	主营业务收入	1 170 000.00
2	其他业务收入	
	……	
5	营业外收入	
6	合　　计	￥1 170 000.00

财务负责人:蒋欣　　　　审核:王芳　　　　　　　　制表:赵亮

原始凭证 32-2　结转损益(费用)类账户

东方有限责任公司　损益(费用)类账户汇总表

2×20 年 01 月　　　　　　　　　　　　　　　单位:元

序号	损益(费用)类账户	借方发生额(净额)
1	主营业务成本	537 000.00
2	其他业务成本	
3	税金及附加	6 790.00
	……	
7	销售费用	11 320.00
8	管理费用	73 890.00
9	财务费用	1 000.00
10	营业外支出	
11	所得税费用	135 000.00
12	合　　计	￥765 000.00

财务负责人:蒋欣　　　　　审核:王芳　　　　　制表:赵亮

03 第三部分 实验项目

一、设置会计账簿

设置会计账簿包括设置会计账簿的种类，填写各种会计账簿封面、扉页和会计科目目录，以及填写账页中各账户期初余额。

东方有限责任公司根据经济业务情况设置总分类账、明细分类账和日记账。总分类账账页采用三栏式（不设置对方科目栏）；明细分类账根据提供会计信息要求不同，其账页分别采用三栏式、数量金额式、多栏式和平行登记式；日记账账页采用三栏式（设置对方科目栏）。

（一）实验资料

1. 账户的期初余额及账户格式

东方有限责任公司2×20年1月1日各账户的期初余额及账户格式见表2-1至表2-6。

2. 会计账簿的填写示范

（1）总分类账封面的填写示范，见图4-5。

（2）总分类账扉页的填写示范，见图4-6。

（3）总分类账会计科目目录的填写示范，见图4-7。

（4）总分类账会计科目期初余额的填写示范，见图4-8。

（5）明细分类账会计科目期初余额的填写示范，见图4-9至图4-13。

（6）日记账会计科目期初余额的填写示范，见图4-14。

（二）实验要求

1. 总分类账的设置

（1）填写总分类账封面、扉页和会计科目目录。

（2）根据表2-1提供的2×20年1月1日账户的期初余额登记各总分类账户的期初余额。

2. 明细分类账的设置

根据表2-1至表2-6提供的2×20年1月1日账户的期初余额登记表2-1列示的需要设置的明细账户的期初余额。

3. 日记账的设置

（1）填写日记账封面、扉页和会计科目目录。

(2) 根据表2-1提供的2×20年1月1日账户的期初余额登记现金日记账和银行存款日记账的期初余额。

(三) 实验说明

会计账簿简称账簿,是指由具有一定格式的账页组成,以会计凭证为依据,全面、连续地记录企业的经济业务,对大量分散的数据或资料进行分类归集、整理,逐步加工成满足会计信息使用者要求的会计信息的工具。形式上,会计账簿只是若干账页的组合;实质上,会计账簿是会计信息形成的重要环节,是编制财务报表的重要依据。

1. 会计账簿设置的依据

"各单位应当按照国家统一会计制度的规定和会计业务的需要设置会计账簿。"这是《会计基础工作规范》第五十六条中规定的会计账簿设置的总原则。目前,财政部针对企业会计核算出台了两套准则规范:《企业会计准则》和《小企业会计准则》。一般而言,所有企业都可以选择采用《企业会计准则》,只有满足《小企业会计准则》第二条规定的小型企业才能选用《小企业会计准则》。选择好适用的会计准则后,企业就可以根据对应准则的附录中列示的会计科目表,依次从资产类、负债类、所有者权益类、成本类和损益类中选出应设置的会计科目。每个企业可根据企业的行业特点和核算要求选择所需要的会计科目。企业在根据会计准则选定总账科目(一级科目)后,还需根据企业核算需要设置明细科目。

东方有限责任公司适用《企业会计准则》,其常用的总账账户[①]和明细账户见表2-1和表2-2。

2. 会计账簿的基本构成

《中华人民共和国会计法实施细则》第十五条第一款规定,会计账簿包括总账、明细账、日记账和其他辅助性账簿。这是会计核算自身内在规律的要求。为了使各种散乱、繁杂的经济业务的信息或数据成为有用的会计信息,企业要通过不同种类的会计账簿对其全部经济业务或数据进行连续的、相互衔接的分类归集、整理和加工。会计账簿的格式多种多样,总账、明细账、日记账等账簿一般由封面、扉页、账页和封底等构成,具体格式见总账、明细账和日记账账簿。

1) 封面

封面主要用来载明账簿的名称。

2) 扉页

扉页主要用来登载账簿启用及接交表,其主要内容包括:①单位名称。②账簿名称。③起止页数。④启用日期。⑤单位领导人。⑥会计主管人员。⑦经管人员。⑧移交人和移交日期。⑨接管人和接管日期。

3) 账页

账页是账簿的主体。每张账页上应载明:①账户名称(总账科目或明细科目)。②记账日期栏。③记账凭证的种类和编号栏。④摘要栏。⑤金额栏。⑥页次或总页次和分页次。对于会计科目比较多的账簿,在首页账页之前会加一页会计科目目录,以方便会计人员对会计科目进行迅速查找。

4) 封底

封底主要是对账页的完整性起到保护作用。

---

① 会计科目是账户的名称。会计实务中,账户和会计科目在使用上经常不加区分。

3. 会计账簿的设置

1）总账的设置

总账（总分类账）是根据会计科目（总账科目）开设的账簿。它用来分类登记一个单位的全部经济业务，反映经济业务引起的会计要素的增减变动及变动后的结果，提供会计核算的总括资料。一般而言，一个会计年度只需要设置一本总账。总账账页格式一般采用三栏式。总账一般采用订本式账簿，以保护总账账簿记录会计信息的安全与完整。

2）明细账的设置

明细账（明细分类账）是根据总账科目所属的明细科目设置的账簿。它用来分类登记某一类经济业务，提供会计核算的详细资料。明细账根据总账科目性质和核算需要设置。明细账的账页格式一般包括三栏式明细账、数量金额式明细账、多栏式明细账、平行登记式明细账。一般而言，明细账平时可以采用活页式账页，会计年度结束后整理、装订成册。

（1）三栏式明细账。三栏式明细账适用于那些只需要进行金额核算的明细账户，如"应收账款""应付账款"等债权、债务总账账户的明细账户。

（2）数量金额式明细账。数量金额式明细账适用于那些既需要进行金额核算，又需要进行实物量核算的各种财产物资的明细账户，如"原材料""库存商品""在途物资"等财产物资总账账户的明细账户。

（3）多栏式明细账。多栏式明细账适用于那些需要提供明细核算资料的成本、费用、收入等的明细账户，如"生产成本""制造费用""管理费用""主营业务收入"等总账账户的明细账户。

（4）平行登记式明细账。平行登记式明细账也称横线登记式明细账，是指将前后密切相关的经济业务登记在同一横格，以便检查每笔业务的发生和完成情况的账簿。"其他应收款""材料采购"等总账账户的明细账户一般采用平行登记式明细账。

3）日记账的设置

为了加强对库存现金和银行存款的管理和核算，每个企业都需要设置现金日记账和银行存款日记账，根据记账凭证逐日逐笔登记库存现金、银行存款的增减变动情况，每日结计当日余额。日记账的账页格式一般采用三栏式。现金日记账和银行存款日记账必须采用订本账。

4. 会计账簿的启用

启用会计账簿时，应当在账簿封面上写明单位名称和账簿名称。在账簿扉页上应当附账簿启用及接交表，内容包括启用日期、账簿页数、记账人员和会计机构负责人、会计主管人员姓名，并加盖名章和单位公章。记账人员或者会计机构负责人、会计主管人员调动工作时，应当注明接交日期、接办人员或者监交人员姓名，并由接交双方人员签名或者盖章。为了便于迅速查找会计科目，扉页后面附会计科目目录。

启用订本式账簿，应当从第一页到最后一页顺序编定页数，不得跳页、缺号。使用活页式账页，应当按账户顺序编号，并须定期装订成册；装订后再按实际使用的账页顺序编定页码，另加目录，载明每个账户的名称和页次。

二、取得与填制原始凭证

（一）实验资料

1. 原始凭证样张

原始凭证样张见本教材"第二部分　实验资料"中的"三、实验单位发生的经济业务（部分）

及相关原始凭证"。

2. 常见经济业务原始凭证的填写示范

常见经济业务原始凭证的填写示范见本教材"第二部分　实验资料"中的"三、实验单位发生的经济业务（部分）及相关原始凭证"中原始凭证5-1、原始凭证5-2、原始凭证5-3和原始凭证23-1等。

（二）实验要求

1. 阅读实验资料

阅读本教材"第二部分　实验资料"中的"三、实验单位发生的经济业务（部分）及相关原始凭证"，理解经济业务与原始凭证之间的关系。

2. 整理原始凭证

根据经济业务整理各笔经济业务需要的原始凭证，注意相对于记账凭证而言较大、较小的原始凭证的处理。

3. 审核原始凭证

为了保证原始凭证的真实性、完整性、合法性，学生应当对原始凭证进行审核，只有经过审核无误的原始凭证，才能作为填制记账凭证的依据。

（三）实验说明

原始凭证亦称单据，是指在经济业务发生时，由业务经办人员直接取得或者填制的、用来表明某项经济业务已经发生或者完成情况，并明确有关经济责任的一种书面证明。原始凭证是填制记账凭证或者登记账簿的原始依据。

会计人员应当及时取得与经济业务相关的原始凭证。在会计实务中，原始凭证大部分不是由会计人员填制的，而是由有关单位或者业务经办人员填制后交给会计人员，再由会计人员据以进行账务处理的。例如，支票由出纳人员填写，入库单由仓库保管人员填写等，只有经过会计人员复核的原始凭证，才能入账。各单位在经济业务发生时，不但应取得或填制原始凭证，还应将原始凭证及时送交本单位的会计机构或专职会计人员，以保证会计核算工作的顺利进行。

1. 原始凭证的内容

原始凭证种类繁多，来源广泛，形式各异。为了能够客观反映经济业务的发生或完成情况，表明经济业务的性质，明确有关单位和人员的经济责任等，《会计基础工作规范》第四十八条规定，原始凭证必须具备以下基本要素：

（1）凭证的名称。

（2）填制凭证的日期。

（3）填制凭证单位名称或者填制人姓名。

（4）经办人员的签名或者盖章。

（5）接受凭证单位名称。

（6）经济业务内容。

（7）数量、单价和金额。

此外，有些原始凭证还需要载明凭证的附件和凭证的编号。

2. 原始凭证的类别

1) 按来源分类

原始凭证按来源划分为外来原始凭证和自制原始凭证。

（1）外来原始凭证是指由业务经办人员在业务发生或者完成时从外单位取得的凭证，如增值税专用发票(发票联)、增值税普通发票(发票联)、进账单(回单)、借款凭证(回单)、收款收据、(税费)电子缴款凭证、委托收款凭证(付款通知)等。

（2）自制原始凭证是指由单位自行制定并由相关部门或人员在经济业务发生或完成时填制的凭证，如收料单、领料单、职工薪酬结算单、产品入库单、产品出库单、付款申请书、固定资产折旧计算表、制造费用分配表、生产成本计算表、应交增值税计算表等。

2) 按填制方法分类

原始凭证按照填制方法划分为一次原始凭证、累计原始凭证和汇总原始凭证。

（1）一次原始凭证是指对发生或完成的经济业务每次或每笔只填制一份的凭证。外来原始凭证多为一次原始凭证。

（2）累计原始凭证是指为了简化填制手续，对在一定时期内连续发生的相同经济业务，逐次逐笔填写并累计数额，集中填制一份的凭证，如限额领料单等。

（3）汇总原始凭证又称原始凭证汇总表，是指为了简化核算手续，将一定时期内若干张同类经济业务的原始凭证汇总成一份的凭证，如发料凭证汇总表、工资结算汇总表、差旅费报销单等。

3) 按经济业务的类别分类

原始凭证按照经济业务的类别划分为以下六类[1]：

（1）款项收、付业务原始凭证。它是指记录现金和银行存款收付等业务的原始凭证，主要包括银行结算类业务凭证(如支票、缴款单等)和企业自制收付业务凭证(如收款收据、报销单、付款申请书等)。

（2）出、入库业务原始凭证。它是指记录材料、产成品的出入库的原始凭证，主要包括入库业务凭证(如产品入库单、收料单等)和出库业务凭证(如产品出库单、领料单等)。

（3）成本、费用原始凭证。它是指记录产品生产费用的发生和分配的原始凭证，主要包括成本、费用分配表(如制造费用分配表)。

（4）购、销业务的原始凭证。它是指记录材料物品采购、产成品销售的原始凭证，主要包括采购业务凭证(如增值税专用发票的发票联)和销售业务凭证(如增值税专用发票的记账联)。

（5）固定资产业务原始凭证。它是指记录固定资产购置、报废、盘盈和盘亏等业务的原始凭证，如固定资产盘盈、盘亏报告单等。

（6）转账业务原始凭证。它是指会计期间终了，为了结平损益类账户，由会计人员根据账簿记录整理制作的原始凭证。其格式一般不固定，但需要注明制单人和主管会计的签章。

3. 原始凭证填制的基本要求

（1）真实可靠。如实填列经济业务内容，不弄虚作假，不涂改、挖补。

（2）内容完整。应该填写的项目要逐项填写(接受凭证方应逐项验明)，不可缺漏。尤其需要注意的是：年、月、日要按照填制原始凭证的实际日期填写；名称要写全称，不能简化，品名

---

[1] 中华人民共和国财政部会计司《会计基础工作规范培训教材》编写组. 会计基础工作规范培训教材[M]. 北京：经济科学出版社，1998.

或用途要填写明确,不许含糊不清;有关人员的签章必须齐全。

(3) 填制及时。每当一项经济业务发生或完成时,都要立即填制原始凭证,做到不积压、不误时、不过时补制。

(4) 书写清楚。即字迹端正,易于辨认,做到数字书写符合会计上的技术要求,文字工整,不草、不乱、不"造";复写的凭证,要不串格、不串行、不模糊。

(5) 顺序使用。收、付款项或实物的凭证要按照顺序或分类编号,在填制时按照编号的次序使用,跳号的凭证应加盖"作废"戳记,不得撕毁。

4. 原始凭证填制的附加要求

(1) 从外单位取得的原始凭证,必须盖有填制单位的公章;从个人取得的原始凭证,必须有填制人员的签名或者盖章。自制原始凭证必须有经办部门负责人或者其指定的人员的签名或盖章。对外开出的原始凭证,必须加盖本单位的公章。所谓"公章",应是具有法律效力和规定用途的,能够证明单位身份和性质的印鉴,如业务公章、财务专用章、发票专用章等。

(2) 凡填有大写金额和小写金额的原始凭证,大写金额与小写金额必须相符。

(3) 购买实物的原始凭证,必须有验收证明。实物购入以后,要按照规定办理验收手续,这有利于明确经济责任,保证账实相符,防止盲目采购,避免物资短缺或流失。实物验收工作由经管实物的人员负责办理,会计人员通过有关原始凭证进行监督检查。需要入库的实物,必须填写入库验收单,由实物保管人员验收后在入库单上如实填写实收数额,并加盖印章;不需要入库的实物,除经办人员在凭证上签章外,必须交给保管人员或者使用人员进行验收,由实物保管人员或者使用人员在凭证上签名或者盖章。总之,必须由购买人以外的第三方查证核实后,会计人员才能据以入账。

(4) 支付款项的原始凭证,必须有收款单位和收款人的收款证明,不能仅以支付款项的有关凭证(如银行汇款凭证等)代替,其目的是防止舞弊行为的发生。

(5) 发生销货退回的,除填制退货发票外,还必须有退货验收证明;退款时,必须取得对方的收款收据或者汇款银行的凭证,不得以退货发票代替收据。在会计实务中,有些单位发生销货退回,收到的退货没有验收证明,造成退货流失;在办理退款时,开出红字发票,既不经对方单位盖章收讫,也不附对方单位收到退款的收据,容易造成舞弊行为。因此,发生销售退回及退还货款时必须填写退货发票并附有退货验收证明和对方的收款收据。

(6) 职工公出借款凭据,必须附在记账凭证之后。收回借款时,应当另开收据或者退还借据副本,不得退还原借款借据。因为借款和还回借款,是互有联系的两项经济业务,在借款和还回借款发生时,必须在会计账目上独自反映出来,因此,借款借据和收回借款的收据都是原始凭证,必须予以保留,不能将原借款借据退还借款人。

(7) 经上级有关部门批准的经济业务,应当将批准文件作为原始凭证附件。如果批准文件需要单独归档的,应当在凭证上注明批准机关名称、日期和文件字号,以便确认经济业务的审批情况和查阅。

(8) 原始凭证不得涂改、挖补。发现原始凭证有错误的,应当由开出单位重开或者更正,更正处应当加盖开出单位的公章。

5. 会计凭证的书写要求

填制会计凭证,字迹必须清晰、工整,并符合下列要求:

(1) 阿拉伯数字应当一个一个地写,不得连笔写。阿拉伯金额数字前面应当书写货币币种符号或者货币名称简写和币种符号。币种符号与阿拉伯金额数字之间不得留有空白。凡阿拉伯数字前写有币种符号的,数字后面不再写货币单位。

(2) 所有以元为单位(其他货币种类为货币基本单位,下同)的阿拉伯数字,除表示单价等情况外,一律填写到角分;无角分的,角位和分位可写"00"或者符号"—";有角无分的,分位应当写"0",不得用符号"—"代替。

(3) 汉字大写数字金额(如零、壹、贰、叁、肆、伍、陆、柒、捌、玖、拾、佰、仟、万、亿等)一律用正楷或者行书体书写,不得用简化字(如〇、一、二、三、四、五、六、七、八、九、十等)代替,不得任意自造简化字。大写金额数字到元或者角为止的,在"元"或者"角"字之后应当写"整"字或者"正"字;大写金额数字有分的,"分"字后面不写"整"字或者"正"字。

(4) 大写金额数字前未印有货币名称的,应当加填货币名称,货币名称与金额数字之间不得留有空白。

(5) 阿拉伯金额数字中间有"0"时,汉字大写金额要写"零"字;阿拉伯数字金额中间连续有几个"0"时,汉字大写金额中可以只写一个"零"字;阿拉伯金额数字元位是"0",或者数字中间连续有几个"0",元位也是"0"但角位不是"0"时,汉字大写金额可以只写一个"零"字,也可以不写"零"字。

三、填制记账凭证

(一) 实验资料

1. 审核无误的原始凭证

实验项目"二、取得与填制原始凭证"中审核无误的原始凭证。

2. 记账凭证填制示范

(1) 收款凭证的填制示范,见图 4-1。

(2) 付款凭证的填制示范,见图 4-2。

(3) 转账凭证的填制示范,见图 4-3。

(4) 科目汇总表的填制示范,见图 4-4。

(二) 实验要求

1. 填制记账凭证

根据实验项目"二、取得与填制原始凭证"中审核无误的原始凭证选择适当类型的记账凭证,并填制记账凭证。

2. 审核记账凭证

审核填制的记账凭证与所附原始凭证的经济内容是否一致,审核无误后,将原始凭证(沿虚线裁剪后)附在记账凭证后面(原始凭证与记账凭证左上角对齐并粘贴,用回形针或长尾夹夹住)。

3. 编制科目汇总表

月末,根据记账凭证编制科目汇总表。

(三) 实验说明

记账凭证俗称传票,是对经济业务按其性质加以归类,确定会计分录,并据以登记会计账簿的凭证。会计人员要根据审核无误的原始凭证填制记账凭证。企业在日常经营管理中发生的经济业务比较繁杂，反映这些经济业务的原始凭证也千差万别、式样众多。由于原始凭证所记录的内容，并不直接体现会计要素的走向，不能满足会计核算的需要，因而难以直接据以登记账簿。为此，必须在审核无误的基础上，对原始凭证进行归类、整理，然后填制记账凭证。在记账凭证中，要为有关原始凭证所记载的某项经济业务确定会计分录，亦即确定记载该项经济业务的账户名称、方向和金额。然后，会计人员根据记账凭证登记会计账簿。原始凭证是记账凭证的重要附件和依据，由于两种凭证之间存在着依存和制约关系，填制记账凭证有利于防止和减少差错的发生，保证账簿记录的正确性。

1. 记账凭证的内容

为了概括地反映经济业务的基本情况，满足登记账簿的需要，记账凭证必须具备下列内容：

(1) 填制凭证的日期。

(2) 凭证的名称和编号。

(3) 经济业务摘要。

(4) 应记会计科目(包括一级科目和明细科目)、方向及金额。

(5) 记账符号。

(6) 所附原始凭证的张数。

(7) 填制人员、稽核人员、记账人员和会计主管人员(收款凭证和付款凭证还应增加出纳人员)的签名或印章。

2. 记账凭证的类别

1) 按用途划分

记账凭证按用途划分为专用记账凭证和通用记账凭证。

(1) 专用记账凭证是指按经济业务的某种特定属性定向使用的记账凭证，通常采用收款凭证、付款凭证和转账凭证。其中：

收款凭证专门用于登记库存现金和银行存款收入的业务。收款凭证根据有关库存现金和银行存款收入业务的原始凭证填制，是登记现金日记账、银行存款日记账、有关明细账和总账等账簿的依据，也是出纳人员收讫款项的依据。

付款凭证专门用于登记库存现金和银行存款付出的业务。付款凭证根据有关库存现金和银行存款付出业务的原始凭证填制，是登记现金日记账、银行存款日记账、有关明细账和总账等账簿的依据，也是出纳人员付讫款项的依据。

转账凭证专门用于登记库存现金和银行存款收付业务以外的转账业务。转账凭证根据有关转账业务的原始凭证填制，是登记有关明细账和总账等账簿的依据。

(2) 通用记账凭证亦称标准凭证，是指各类经济业务共同使用的记账凭证。业务比较单纯、业务量较少的单位，适宜使用这类记账凭证。

2) 按其填制方法划分

记账凭证按其填制方法划分为复式记账凭证、单式记账凭证和汇总记账凭证。

(1) 复式记账凭证是指将一项经济业务所涉及的各有关会计科目都集中在一起填制的凭证。复式记账凭证能够集中反映账户之间的对应关系，便于了解经济业务的全貌，相对于单式记账凭证，可以减少凭证的数量，但不便于汇总每一会计科目的发生额和进行分工记账。

(2) 单式记账凭证是指按一项经济业务所涉及的各有关会计科目分别填制的凭证。由于一张凭证只填一个会计科目,因此,使用单式记账凭证便于汇总每一会计科目的发生额和进行分工记账,但其填制工作量大,在一张凭证上反映不出经济业务的全貌,不便于查账。

(3) 汇总记账凭证是指将许多同类的记账凭证逐日或者定期(3 天、5 天、10 天等)加以汇总后填制的凭证。例如,将收款凭证、付款凭证和转账凭证分别按照一定的时间间隔和会计科目的对应关系进行汇总,编制汇总收款凭证、汇总付款凭证和汇总转账凭证;将一定时间的记账凭证按照相同的会计科目分别对借方发生额、贷方发生额进行汇总,编制科目汇总表。

3. 记账凭证的填制

记账凭证填制的基本要求如下:

(1) 审核无误。在原始凭证审核无误的基础上填制记账凭证。

(2) 内容完整。记账凭证应该包括的内容都要具备。

(3) 分类正确。根据经济业务的内容,正确选择恰当的记账凭证类别。记账凭证可以根据每一张原始凭证填列,或者根据若干张同类原始凭证汇总填制,也可以根据原始凭证汇总表填制。但不得将不同内容和类别的原始凭证汇总填列在一张记账凭证上。

(4) 连续编号。记账凭证应当连续编号。这有利于分清经济业务处理的先后顺序,便于记账凭证与会计账簿之间的核对,确保记账凭证的完整。

4. 记账凭证填制的具体要求

(1) 除结账和更正错误的记账凭证可以不附原始凭证外,其他记账凭证必须附有原始凭证。所附原始凭证张数的计算,一般以原始凭证的自然张数为准。与记账凭证所涉及的经济业务记录有关的每一张单据,都应当作为原始凭证的附件。如果记账凭证附有原始凭证汇总表,则应该把所附原始凭证和原始凭证汇总表的张数一起计入附件张数。如果一张原始凭证涉及几张记账凭证,可以把原始凭证附在一张主要的记账凭证后面,并在其他记账凭证上注明附有该原始凭证的记账凭证的编号或者附原始凭证复印件。

(2) 一张原始凭证所列支出需要由几个单位共同负担的,应当将其他单位负担的部分,开给对方原始凭证分割单,进行结算。原始凭证分割单必须具备原始凭证的基本内容:凭证名称、填制凭证日期、填制凭证单位名称或者填制人姓名、经办人的签名或者盖章、接受凭证单位名称、经济业务内容、数量、单价、金额和费用分摊情况等。

(3) 记账凭证编号的方法有很多种,可以按库存现金收付、银行存款收付、转账业务三类分别编号,也可以按库存现金收入、库存现金付出、银行存款收入、银行存款付出、转账业务五类进行编号,或者将转账业务再按照具体内容分成几类编号。各单位应当根据本单位业务繁简程度、人员多寡和分工情况来选择便于记账查账、内部稽核、简单严密的编号方法。无论采用哪一种编号方法,记账凭证都应该按月顺序编号,即每月都从 1 号编起,顺序编至月末。一笔经济业务需要填制两张或两张以上记账凭证的,可以采用分数编号法编号,如业务 1 号需要填制 3 张记账凭证,编号分别为 $1\frac{1}{3}$、$1\frac{2}{3}$、$1\frac{3}{3}$ 号。

(4) 如果在填制记账凭证时发生错误,应当重新填制。已经登记入账的记账凭证,在当年内发现填写错误时,可以用红字金额填写一张与原内容相同的记账凭证,在"摘要"栏注明"注销某月某日某号凭证"字样,同时再用蓝字重新填制一张正确的记账凭证,注明"订正某月某日某号凭证"字样。如果会计科目没有错误,只是金额错误,也可以将正确数字与错误数字之间的差额,另编一张调整的记账凭证,调增金额用蓝字,调减金额用红字。发现以前年度记账凭证有错误的,应当用蓝字填制一张更正的记账凭证。

（5）记账凭证填制完成经济业务事项后,如有空行,应当自"金额"栏最后一笔金额数字下的空行处至合计数上的空行处划线注销。

（6）正确编制会计分录并保证借贷平衡。必须根据国家统一会计制度的规定和经济业务的内容,正确使用会计科目和编制会计分录,记账凭证借方、贷方金额必须相等,合计数必须计算正确。

（7）摘要与原始凭证内容一致,能够正确反映经济业务单位主要内容,表述简短精炼;能够使阅读者通过摘要了解该经济业务的性质、特征,判断出会计分录的正确与否。

（8）只涉及库存现金和银行存款之间相互收付的经济业务,只填制付款凭证,不填制收款凭证,以免重复记账。

四、登记会计账簿

（一）实验资料

1. 审核无误的记账凭证

实验项目"三、填制记账凭证"中已填制完成并审核无误的记账凭证(附原始凭证)。

2. 会计账簿的登记示范

（1）总分类账的登记示范,见图4-8。

（2）明细分类账的登记示范,见图4-9至图4-13。

（3）日记账的登记示范,见图4-14。

（二）实验要求

1. 登记日记账

根据收款凭证、付款凭证登记现金日记账、银行存款日记账。

2. 登记明细账

根据记账凭证及其所附的原始凭证或原始凭证汇总表登记三栏式、数量金额式、多栏式、平行登记式明细账。

3. 登记总账

根据科目汇总表登记总账。

（三）实验说明

1. 登记账簿的一般规定

《会计基础工作规范》第六十条规定,会计人员应当根据审核无误的会计凭证登记会计账簿。这要求记账人员在登记会计账簿之前,应当先审核记账的依据,即审核会计凭证的合法性、完整性和真实性。

登记会计账簿的基本要求如下：

（1）准确完整。登记会计账簿时,应当将会计凭证日期、编号、业务内容摘要、金额和其他有关资料逐项记入账内,做到数字准确、摘要清楚、登记及时、字迹工整。每一项经济业务,一方面要记入有关总账;另一方面要记入该总账所属的明细账。账簿记录中的日期,应该填写记账凭证上的日期;以自制的原始凭证,如收料单、领料单等作为记账依据的,账簿记录中的日期应按有关自制原始凭证的日期填列。登记账簿要及时,各种账簿的登记时间间隔多长,取决于账簿的种类和企业采用的会计核算程序。

(2) 注明记账符号。账簿登记完毕后,要在记账凭证上签名或者盖章,并在"记账符号"栏中注明已经登账的符号("√"),表示已经记账,以免发生重记或漏记。

(3) 书写留空。账簿中书写的文字和数字上面要留有适当的空格,不要写满格,一般应占格距的$\frac{1}{2}$,并靠底线书写。这样,一旦发生登记错误时,能比较容易地进行更正,同时也方便查账工作。

(4) 正常记账使用蓝黑墨水。登记账簿要用蓝黑墨水或者碳素墨水书写,不得使用圆珠笔(银行的复写账簿除外)或者铅笔书写。在会计实务中,数字的颜色是重要的语素之一,它同文字和数字一起传达相关会计信息。

(5) 特殊记账使用红墨水。下列情况中,可以使用红色墨水记账:①按照红字冲账的记账凭证,冲销错误记录。②在不设借方或贷方栏的多栏式账页中,登记减少数。③在三栏式账户的余额栏前,如未印明余额方向的,在余额栏内登记负数余额。

(6) 顺序连续登记。各种账簿按页次顺序连续登记,不得跳行、隔页。如果发生跳行、隔页,应当将空行、空页划线注销,或者注明"此行空白""此页空白"字样,并由记账人员签名或者盖章。

(7) 结出余额。凡需要结出余额的账户,结出余额后,应当在"借或贷"栏内写明"借"或者"贷"等字样,没有余额的账户应当在"借或贷"栏内写明"平"字,并在余额栏内用"Ф"表示。现金日记账、银行存款日记账必须逐日结出余额。一般说来,对于没有余额的账户,在余额栏内注明的"0"应当放在"元"位。

(8) 过次承前。每一账页登记完毕结转下页时,应当结出本页合计数及余额,写在本页最后一行和下页第一行的有关栏内,并在"摘要"栏内注明"过次页"和"承前页"字样;也可以将本页合计数及余额只写在下页第一行,并在"摘要"栏内注明"承前页"字样。对于"过次页"的本页合计数的结计方法,根据不同需要有如下规定:

其一,对需要结计本月发生额的账户,结计"过次页"的本页合计数应当为自本月初起至本页末止的发生额合计数。这样做,便于根据"过次页"的合计数随时了解本月初到本页末止的发生额,也便于月末结账时加计"本月合计"数。

其二,对需要结计本年累计发生额的账户,结计"过次页"的本页合计数应当为自年初起至本页末止的累计数。这样做,便于根据"过次页"的合计数随时了解本年年初到本页末止的发生额,也便于年终结账时加计"本年累计"数。

其三,对既不需要结计本月发生额也不需要结计本年累计发生额的账户,可以只将每页末的余额结转次页,如某些财产物资明细账。

2. 错账更正

账簿记录发生错误,不准涂改、挖补、刮擦或者用药水消除字迹,不准重新抄写,必须按照以下方法进行更正:

(1) 登记账簿时发生错误,应当将错误的文字或者数字划红线注销,但必须使原有字迹仍可辨认;然后在划线上方填写正确的文字或者数字,并由记账人员在更正处盖章。对于数字错误,应当全部划红线更正,不得只更正其中个别错误的数字;对于文字错误,可只划去个别错误的文字。

(2) 由于记账凭证错误而使账簿记录发生错误,应当按更正账簿记录所填制的记账凭证登记账簿。

五、对账与结账

(一) 实验资料

1. 结账前的会计账簿

实验项目"四、登记会计账簿"中已经登记的各种会计账簿。

2. 会计账簿的结账示范

(1) 总分类账的结账示范,见图 4-8。

(2) 明细分类账的结账示范,见图 4-9 至图 4-13。

(3) 日记账的结账示范,见图 4-14。

3. 会计账簿的对账示范

试算平衡表的编制示范,见图 4-15。

(二) 实验要求

1. 日记账的结账

日记账的结账包括现金日记账和银行存款日记账的结账。

2. 明细分类账的结账

明细分类账的结账包括三栏式、数量金额式、多栏式、平行登记式明细分类账的结账。

3. 总分类账的结账

总分类账的结账包括各总分类账户的结账。

4. 编制试算平衡表

将各总分类账户"期初借方(贷方)余额""本期借方(贷方)发生额""期末借方(贷方)余额"过到试算平衡表该会计科目相对应的栏次;加计各栏次合计,进行试算平衡。

(三) 实验说明

1. 对账的一般规定

1) 对账的内容

各单位应当定期对会计账簿记录的有关数字与库存实物、货币资金、有价证券、往来单位或者个人等进行相互核对,保证账证相符、账账相符、账实相符。对账工作每年至少进行一次。

对账就是核对账目。会计核算要求账簿登记清晰、准确,但在实际工作中,由于种种原因,账目难免会出现错漏。因此,会计人员需要经常对账,即将会计账簿记录的数字与财产物资实物、货币资金、有价证券和债权债务单位的往来款项等进行相互核对,保证账证相符、账账相符和账实相符。

2) 对账的方法

(1) 账证核对(略)。

(2)账账核对。①总账核对。它是指通过编制试算平衡表,进行总账账户间的核对。②总账与明细账之间的核对。它是指通过编制总账与明细账平行登记结果对照表,核对总账与其所属明细账(略)。③财务部门实物资产明细账与保管部门实物资产明细账的核对(略)。

(3)账实核对(略)。

2. 结账的一般规定

结账是在把一定时期内发生的全部经济业务登记入账的基础上,计算并记录本期发生额和期末余额,并将余额结转下期或者新账。

1)结账的程序

(1)结账前,必须将本期内所发生的各项经济业务全部登记入账。

(2)结账时,应当结出每个账户的期末余额。需要结出当月发生额的,应当在"摘要"栏内注明"本月合计"字样,并在下面划通栏单红线。需要结出本年累计发生额的,应当在"摘要"栏内注明"本年累计"字样,并在下面划通栏单红线;12月月末的"本年累计"就是全年累计发生额,全年累计发生额下应划通栏双红线,年度终了结账时,所有总账账户都应当结出全年发生额和年末余额。对上述规定,在实际工作中要注意以下几点:

其一,结账如何划线。结账的目的是突出本月合计数及月末余额,表示本会计期间的会计记录已经截止或结束,并将本期与下期的记录明显分开。月(季)结划单红线,年结划双红线。划线时,应划通栏线,不可只划部分。

其二,账户余额的填写方法。每月结账时,应将月末余额写在本月最后一笔经济业务记录的同一行内。但对于现金日记账、银行存款日记账和其他需要按月结计发生额的账户(如各种成本、费用、收入等账户的明细账),每月结账时,还应将月末余额与本月发生额写在同一行内,在"摘要"栏注明"本月合计"字样。这样做,账户记录中的月初余额加减本期发生额等于月末余额,便于账户记录的稽核。需要结计本年累计发生额的某些明细账户,每月结账时,"本月合计"行已有余额的,"本年累计"行就不必再写余额。

其三,能否用红字结账。账簿记录中使用的红字,具有特定的含义,它表示蓝字金额的减少或负数金额。因此,结账时,如果出现负数余额,可以用红字在"余额"栏内登记,但如果"余额"栏前印有余额的方向(借或贷),则应用蓝黑墨水书写,而不得使用红色墨水。

(3)年度终了,要把各账户的余额结转到下一会计年度,并在"摘要"栏注明"结转下年"字样;在下一会计年度新建有关会计账簿的第一行"余额"栏内填写上年结转的余额,并在"摘要"栏注明"上年结转"字样。新的会计年度建账,通常是总账、日记账和多数明细账每年更换一次。但有些财产物资明细账和债权债务明细账,由于材料品种、规格和往来单位较多,更换新账重抄一遍工作量较大,因此,可以跨年度使用,不必每年更换一次。

2)结账的方法

结账时应当根据不同的账户记录,分别采用以下不同的结账方法:

(1)不需要按月结计本期发生额的账户,如各项应收账款明细账和各项财产物资明细账等。每次记账后,都要随时结出余额,每月最后一笔余额即为月末余额。月末结账时,只需要在最后一笔经济业务记录之下划通栏单红线,不需要再结计一次余额。如"应收账款——中天股份有限公司"明细分类账的结账见图4-9。

(2)现金日记账、银行存款日记账和需要按月结计发生额的收入、费用等明细账。每月结账时,要在最后一笔经济业务记录下面划通栏单红线,结出本月发生额和余额,在"摘要"栏内注明"本月合计"字样,在下面再划一条通栏红线,如"主营业务收入"明细账、"主营业务成本"明细账等,每月结账时,应在"本月合计"行下结计自年初起至本月末的累计发生额,登记在月份发生额下一行,在"摘要"栏内注明"本年累计"字样,并在下面再划通栏单红线。12月末的"本年累计"就是全年累计发生额,全年累计发生额下划通栏双红线。如"制造费用"明细分类账的结账见图4-12。

(3)总账账户平时只结月末余额。年终结账时,为了反映全年各项资产、负债和所有者权益增减变动的全貌,便于核对账目,要将所有总账账户结计全年发生额和年末余额,在"摘要"栏内注明"本年合计"字样,并在合计数下划通栏双红线。如"库存现金"总分类账的结账见图4-8。

(4)需要结计本月发生额的某些账户。如果本月只发生一笔经济业务,由于这笔记录的金额就是本月发生额,结账时,只要在此行记录下划通栏单红线,表示与下月的发生额分开就可以了,不需要另结出"本月合计"数。

六、编制财务报表

(一)实验资料

实验项目"一、设置会计账簿"、实验项目"四、登记会计账簿"、实验项目"五、对账与结账"完成的会计账簿资料。

(二)实验要求

(1)编制资产负债表。填写表首;填写年初余额,填写期末余额;审批签章。
(2)编制利润表。填写表首;填写本期金额,填写上期金额(本教材略);审批签章。

(三)实验说明

财务会计报告[①](又称财务报告,下同)是指企业对外提供的反映企业某一特定日期的财务状况和某一会计期间经营成果、现金流量等会计信息的文件。

财务会计报告包括会计报表及其附注和其他应当在财务会计报告中披露的相关信息和资料。会计报表至少应当包括资产负债表、利润表、现金流量表等报表。[②]

财务报表是对企业财务状况、经营成果和现金流量的结构性表述。[③] 一套完整的财务报表至少应当包括下列组成部分:①资产负债表。②利润表。③现金流量表。④所有者权益变

---

① 我国在《中华人民共和国会计法》《中华人民共和国公司法》《企业财务会计报告条例》等法律、行政法规中使用"财务会计报告"这一专业术语,为了保持法律规范上的一致性,我国《企业会计准则——基本准则》仍沿用该术语,同时引入"财务报告"这一国际通用术语,指出《企业会计准则》各具体准则中采用了"财务报告"这一术语。
② 参见《企业会计准则——基本准则》第四十四条。我国在《中华人民共和国会计法》《企业财务会计报告条例》等法律、行政法规中使用"会计报表及其附注"这一专业术语。
③ 参见《企业会计准则第30号——财务报表列报》第二条。关于"财务报表"和"会计报表"的关系,我们可以根据《企业会计准则——基本准则》第四十四条和《企业会计准则第30号——财务报表列报》第二条的叙述,理解为:财务报表(资产负债表、利润表、现金流量表、所有者权益变动表、附注)包括会计报表(资产负债表、利润表、现金流量表、所有者权益变动表)及其附注。

动表。⑤附注。财务报表的这些组成部分具有同等的重要程度。这里的财务报表包含"四表一注"。根据上下文的逻辑关系,可以理解为:财务报表包括会计报表(资产负债表、利润表、现金流量表、所有者权益变动表)及其附注。

1. 财务报表列报的基本要求

1) 依据会计准则确认和计量的结果进行财务报表的列报

企业应当根据实际发生的交易或事项,遵循会计准则的规定进行确认和计量,并在此基础上进行财务报表的列报。

2) 列报基础

持续经营是会计的基本前提,是会计确认、计量以及财务报表列报的基础。企业会计准则规范的是持续经营条件下企业对所发生交易或者事项确认、计量和报表列报。

3) 列报原则

财务报表列报的基本原则为权责发生制。除现金流量表按照收付实现制列报外,企业应当按照权责发生制列报其他财务报表。

4) 列报的一致性

可比性是会计信息质量的一项重要质量要求,目的是使同一企业不同期间和同一期间不同企业的财务报表相互可比。

5) 依据重要性原则单独或汇总列报项目

关于项目在财务报表中是单独列报还是合并列报,应当依据重要性原则进行判断。

6) 财务报表项目金额间的相互抵销

财务报表项目应当以总额列报,资产和负债、收入和费用、直接计入当期利润的利得和损失项目的金额不能相互抵销,即不得以净额列报。例如,企业欠客户的应付款不得与其他客户欠本企业的应收款相抵销。

7) 比较信息的列报

企业在列报当期财务报表时,至少应当提供所有列报项目上一可比会计期间的比较数据,以及与理解当期财务报表相关的说明,目的是向报表使用者提供对比数据,提高会计信息的可比性,以反映企业财务状况、经营成果和现金流量的发展趋势,有助于报表使用者的判断与决策。

8) 财务报表表首的列报要求

财务报表一般分为表首、正表两部分,其中在表首部分企业应当概括地说明必要的基本信息,包括编报企业的名称,如企业名称在所属当期发生了变更的,则应明确标明;对于资产负债表而言的资产负债表日,对于利润表、现金流量表、所有者权益变动表而言的报表涵盖的会计期间;货币名称和单位,如人民币元、人民币万元等。

9) 报告期间

企业至少应当编制年度财务报表。

2. 资产负债表的填列方法

资产负债表应按一定的程序与方法进行填列。

1) 试算准备工作

企业在填列资产负债表之前,应先根据总账科目的期末余额编制试算平衡表,对日常账簿记录的正确性进行复核、检查;在试算平衡以后,再根据有关总账科目的期末余额和有关明细科目的期末余额,填列资产负债表。

2)"期末余额"栏的填列

期末余额是指某一会计期末的数字,即月末、季末、半年末或年末的数字。由于资产负债表主要反映企业在报告期末资产、负债和所有者权益情况,即提供某一时点的静态指标,所以期末余额主要根据总分类账簿或明细分类账簿记录中的期末余额填列。期末余额具体可以归为如下四类方法进行填列:

(1) 根据总账科目期末余额直接填列。例如,"短期借款""应付职工薪酬""应交税费"等大部分流动负债类项目,以及"实收资本(或股本)""资本公积""盈余公积"等所有者权益类项目根据其相应的总账科目期末余额直接填列。

(2) 根据几个总账科目期末余额合计填列。例如,"货币资金"项目应根据"库存现金""银行存款"总账科目期末余额的合计数填列;"其他应收款"[①]项目应根据"应收利息""应收股利""其他应收款"科目的期末余额合计数填列;"其他应付款"项目应根据"应付利息""应付股利""其他应付款"科目的期末余额合计数填列;"存货"项目应根据"材料采购""原材料""库存商品""生产成本"等总账科目的期末余额合计数填列;"固定资产"项目应根据相应总账科目的期末余额扣减相应的"累计折旧"科目余额后的金额填列。

(3) 根据明细账科目期末余额分析计算填列。例如,"应收账款"项目应根据"应收账款""预收账款"科目各明细科目借方余额合计,减去"坏账准备——应收账款"明细科目贷方余额的差额计算填列;"预收款项"项目应根据"应收账款""预收账款"科目所属的所有余额在贷方的明细科目余额合计数填列;"预付款项"项目应根据"预付账款""应付账款"科目所属的所有余额在借方的明细科目余额合计数填列;"应付账款"项目应根据"应付账款""预付账款"科目所属的所有余额在贷方的明细科目合计数填列。

(4) 根据表内项目计算填列。例如,"流动资产合计"项目根据表内各流动资产项目金额计算填列;"非流动资产合计"项目根据表内各非流动资产项目金额计算填列;"负债和所有者权益(或股东权益)总计"项目根据"负债合计"项目、"所有者权益(或股东权益)合计"项目计算填列。

3)"上年年末余额"栏的填列

资产负债表"上年年末余额"栏通常根据上年年末相同项目的金额填列,且与上年年末资产负债表"期末余额"栏相一致。如果企业发生了会计政策变更、前期差错更正,应当对"上年年末余额"栏中的有关项目进行相应调整。如果企业上年度资产负债表规定的项目名称和内容与本年度不一致,应当对上年年末资产负债表相关项目的名称和数字按照本年度的规定进行调整,填入"上年年末余额"栏。

3. 利润表的填列方法

利润表应按一定的程序与方法进行填列。

1)"本期金额"栏的填列

利润表"本期金额"栏一般应根据损益类科目和所有者权益类科目的发生额填列,或者根据表中相关项目计算填列。"本期金额"栏具体可以归为如下四类方法进行填列:

---

① "其他应收款"项目应根据"应收利息""应收股利""其他应收款"科目的期末余额合计数,减去"坏账准备"科目中相关坏账准备期末余额后的金额填列。由于本教材不涉及资产减值,资产负债表的所有资产项目均不考虑扣除资产减值准备的内容。类似的项目还包括"应收账款""存货""固定资产"等项目。

（1）根据两个总账科目发生额合并计算填列。例如，"营业收入"项目根据"主营业务收入""其他业务收入"两个总账科目贷方发生额合并计算填列；"营业成本"项目根据"主营业务成本""其他业务成本"两个总账科目借方发生额合并计算填列。

（2）根据相应总账科目发生额直接分析填列。例如，"税金及附加""销售费用""管理费用""财务费用""营业外收入""营业外支出""所得税费用"等项目按相应总账科目借方（或贷方）发生净额直接分析填列。

（3）根据有关总账科目所属的相关明细科目的发生额分析填列。例如，"利息费用""利息收入"项目根据"财务费用"科目相关明细科目的发生额分析填列。

（4）根据表中相关项目计算填列。例如，"营业利润""利润总额""净利润"等项目应根据利润表中相关项目计算填列。

2）"上期金额"栏的填列

利润表"上期金额"栏应根据上年利润表"本期金额"栏内所列数字填列。如果上年该期利润表规定的各个项目的名称和内容与本期不相一致，应对上年该期利润表各项目的名称和数字按照本期的规定进行调整，填入"上期金额"栏。

七、会计档案的装订与保管

（一）实验资料

实验项目一至实验项目六各项实验完成的实验资料。

（二）实验要求

（1）会计凭证的整理与装订。装订本月的会计凭证（分别收款凭证、付款凭证、转账凭证）。

（2）会计账簿的装订。启用前装订总账、日记账，期末装订明细账。

（3）财务报表的装订。装订本月的财务报表。

（三）实验说明

1. 会计凭证的整理与装订

月末，会计人员要将填制完成的记账凭证与对应的原始凭证进行整理，并装订成册。会计凭证装订成册后，要妥善保管，以方便日后查阅。

1）会计凭证的整理

会计人员整理会计凭证时，注意以下两点：

（1）检查记账凭证是否连续编号。

（2）检查记账凭证上所载的日期、金额、经济业务与所附的原始凭证是否一一对应。

2）会计凭证的装订

会计凭证整理完毕后，会计人员应按如下步骤装订：

（1）整理，放置封面、封底与包角。将记账凭证的封面、封底分别放置在记账凭证的前面和后面，将包角放在封面的前面，并拿夹子将准备装订的已整理好的会计凭证夹住，固定好。顺序为包角、封面、按编号顺序排好的记账凭证及附件（科目汇总表可放置于最后一张转账凭证之后)、封底,注意所有资料左上角对齐。

(2) 打孔,装订。在包角折线上适当的位置(一般是将折线三等分的地方)用铅笔画出 2 个装订点,打孔,装订。

(3) 折叠并粘贴包角。将包角按顺序先向上翻折,再向左翻折,并用胶水粘贴。

(4) 填写记账凭证封面信息。

2. 会计账簿的装订

会计账簿分为订本账与活页账。总账与日记账采用订本账,期末无需装订。明细账采用活页账,期末要装订成册。会计人员在年终结账后,将明细账装订成册,会计账簿 1 年只需装订 1 次。

1) 账页排序

第一,给账页排序。将活页式账簿按资产、负债、所有者权益、成本、损益类会计账户顺序排列账页。

第二,给账页编页码。页码包括总页和分页,总页是指本张账页在整本账簿中所对应的页码;分页是指本张账页在同一账户的账页中所处的位置。

2) 填写账簿启用及接交表和目录

(1) 填写账簿启用及接交表。账簿启用及接交表的填写参照会计账簿扉页的填写示范(图 4-6)。如果企业的经济业务量大,明细账的账页过多,可以分别不同账页格式的明细账装订,命名为三栏式明细账或数量金额式明细账等;如果经济业务较少,可以将不同账页格式的明细账装订为一本,命名为明细账。

(2) 填写目录。在填写完账簿启用及接交表后,还应当按各账户填写目录,通常按照总账账户顺序来填写明细账目录。

(3) 装订。上述事项完成后,就可以装订成册了。首先,将账簿封面、账簿启用及接交表、会计科目目录表、账页、账簿封底顺序排列;其次,在打孔处用账页钉或装订夹将账簿固定;最后,在封面填写账簿名称。

3. 财务报表的装订

会计人员要在每期期末(月末、季末、半年末、年末)编制财务报表。财务报表主要包括资产负债表、利润表和现金流量表(本教材略)等。财务报表是重要的会计档案资料,会计人员应当将其装订成册,妥善保管。

1) 整理财务报表

按照财务报表封面、资产负债表、利润表、封底的顺序排列,左侧对齐。

2) 装订

将整理好的财务报表直接装订成册。

3) 填写报表封面

财务报表封面包括:企业名称、报表所属的会计期间、企业负责人、财务负责人、制表人和编报日期等项目。

第四部分
实验操作示范与空白会计核算资料

一、实验操作示范

(一) 会计凭证

1. 收款凭证的填制

收款凭证的填制示范,以业务 1 为例,见图 4-1。

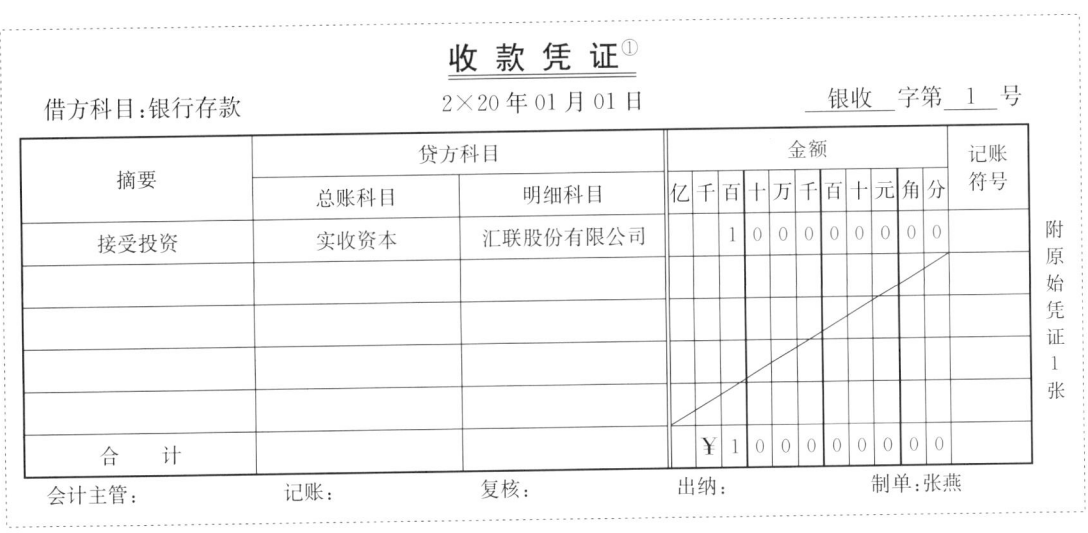

图 4-1 收款凭证的填制示范

2. 付款凭证的填制

付款凭证的填制示范,以业务 4 为例,见图 4-2。

---

① 收款凭证根据库存现金和银行存款收款业务的原始凭证填制。凡是涉及增加库存现金或者银行存款账户的金额的,都必须填制收款凭证。收款凭证左上方的"借方科目",应填写"库存现金"或"银行存款";右上方填写凭证编号,收款凭证编号一般按"现收字第×号"和"银收字第×号"分类,业务量少的单位也可以不分"现收"和"银收",而按收款业务发生的先后顺序统一编号,如"收字第×号"。"摘要"栏内填写经济业务的内容梗概;"贷方科目"栏内填写与"库存现金"或"银行存款"科目对应的总账(一级)科目及其所属明细(二级)科目;"金额"栏内填写实际收到的现金或银行存款数额;"记账符号"栏供记账员在根据收款凭证登记有关账簿后作记号用,表示该项金额已经记入有关账户,避免重记和漏记。如业务 1,进账单(原始凭证 1-2)证明企业已收存银行存款,根据进账单填制收款凭证。

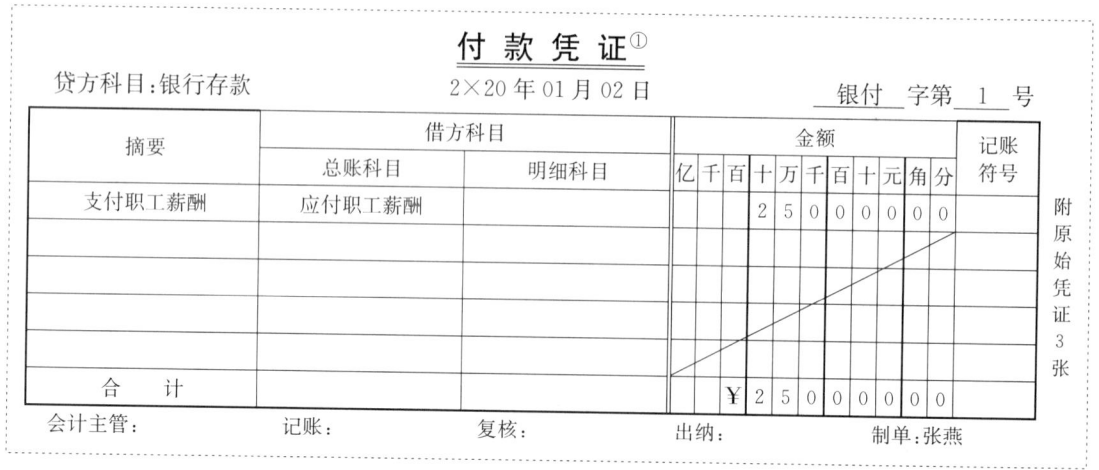

图 4-2 付款凭证的填制示范

3. 转账凭证的填制

转账凭证的填制示范,以业务 7 为例,见图 4-3。

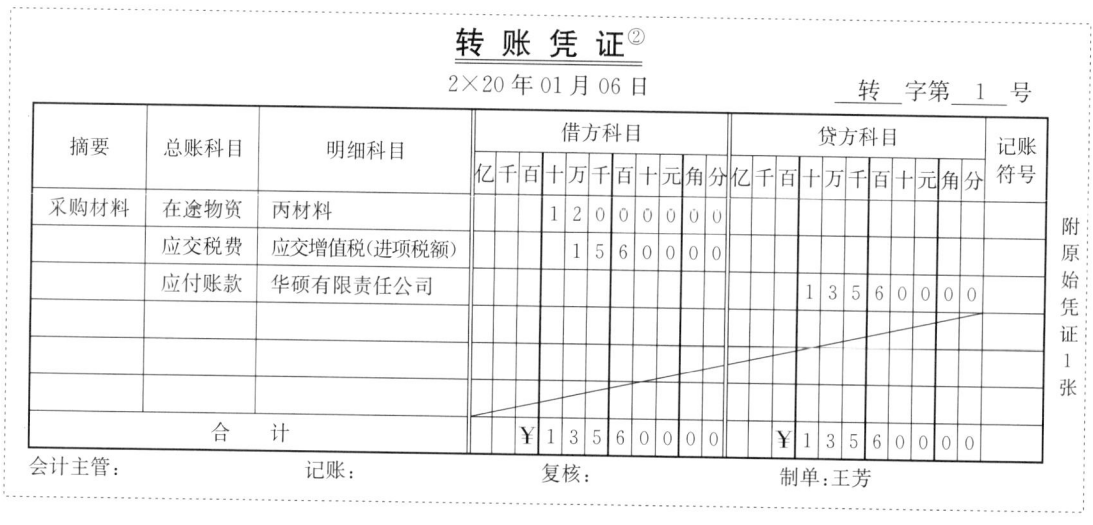

图 4-3 转账凭证的填制示范

---

① 付款凭证根据库存现金和银行存款付款业务的原始凭证填制。凡是涉及减少"库存现金"账户或者"银行存款"账户的金额的,都必须填制付款凭证。付款凭证左上方的"借方科目",应填写"库存现金"或"银行存款";右上方填写凭证编号,付款凭证编号一般按"现付字第×号"和"银付字第×号"分类,业务量少的单位也可以不分"现付"和"银付",而按付款业务发生的先后顺序统一编号,如"付字第×号"。"摘要"栏内填写经济业务的内容梗概;"借方科目"栏内填写与"库存现金"或"银行存款"科目对应的总账(一级)科目及其所属明细(二级)科目;"金额"栏内填写实际支付的现金或银行存款数额;"记账符号"栏供记账员在根据收款凭证登记有关账簿后作记号用,表示该项金额已经记入有关账户,避免重记和漏记。如业务 4,支付职工薪酬业务,付款申请书(原始凭证 4-3)、转账支票存根联(原始凭证 4-1)证明企业已支付银行存款,职工薪酬结算单(原始凭证 4-2)证明该项支出的用途,根据职工薪酬结算单、付款申请书、转账支票存根联填制付款凭证。

② 转账凭证根据不涉及库存现金和银行存款收付的转账业务的原始凭证填制。凡是不涉及库存现金和银行存款增加或减少的业务,都必须填制转账凭证。转账业务没有固定的账户对应关系,因此在转账凭证中,要按"借方科目"和"贷方科目"分别填列"会计科目"栏的总账(一级)科目和明细账(二级)科目。借方科目的金额填在与借方科目同一行的"借方金额"栏,贷方科目的金额填在与贷方科目同一行的"贷方金额"栏。如业务 7,采购材料,收到增值税专用发票(原始凭证 7-1),因款未付,其会计分录不涉及"库存现金""银行存款"科目,因此填制转账凭证。

4. 科目汇总表的填制

科目汇总表的填制示范,以"银行存款"科目为例,见图4-4。

科目汇总表[①]

2×20年01月01日至01月31日　　　　　科汇字第101号

会计科目	账页	借方金额											贷方金额											记账凭证起讫号
		千	百	十	万	千	百	十	元	角	分	千	百	十	万	千	百	十	元	角	分	
库存现金						2	0	0	0	0	0						5	5	0	0	0	自现收字第　号至现收字第　号
银行存款			2	3	5	7	0	0	0	0	0		1	0	7	5	7	6	0	0	0	自银收字第1号至银收字第4号
应收账款					1	6	9	5	0	0	0											自现付字第1号至现付字第1号
预付账款					3	0	0	0	0	0	0					2	8	2	5	0	0	自银付字第1号至银付字第9号
在途物资					6	3	2	0	0	0	0					5	1	2	0	0	0	自转字第1号至转字第17号

借	银行存款		贷
银收字第1号	1 000 000.00	银付字第1号	250 000.00
银收字第2号	200 000.00	银付字第2号	271 200.00
银收字第3号	1 017 000.00	银付字第3号	300 000.00
银收字第4号	140 000.00	银付字第4号	23 980.00
		银付字第5号	185 000.00
		银付字第6号	2 000.00
		银付字第7号	3 340.00
		银付字第8号	11 320.00
		银付字第9号	28 920.00
本期发生额	2 357 000.00		1 075 760.00

图4-4　科目汇总表的填制示范

(二) 会计账簿

会计账簿包括总账、明细账和日记账。根据科目汇总表账务处理程序的工作流程,总账、明细账和日记账的登记方法如下:

(1) 根据收款凭证和付款凭证,序时逐笔登记现金日记账和银行存款日记账。

(2) 根据收款凭证、付款凭证、转账凭证及所附的原始凭证或原始凭证汇总表,登记各种明细分类账。

---

① 科目汇总表的填制方法如下:首先,填制科目汇总表的日期、编号和会计科目名称。日期填写记账凭证的起讫日期,如2×20年1月1日至1月10日的记账凭证,日期为"2×20年1月1日至1月10日";科目汇总表的编号一般按年(月)顺序编列,如1月份第一张科目汇总表,编号为101等;会计科目名称的排列顺序一般与总分类账中总账科目的顺序保持一致。其次,将需要汇总的记账凭证,按照相同的会计科目名称进行归类。再次,将相同会计科目的本期借方发生额和贷方发生额分别加总,求出合计金额。接着,将每一个会计科目的合计金额填入科目汇总表的相关栏目。最后,结计科目汇总表的本期借方发生额合计和本期贷方发生额合计,双方合计数应相等。科目汇总表装订在记账凭证的最后一页。

(3) 根据记账凭证定期编制科目汇总表。

(4) 根据科目汇总表登记总分类账。

1. 会计账簿封面的填写

会计账簿封面的填写示范，以总分类账封面（正面）为例，见图 4-5。

东方有限责任公司

总分类账

图 4-5　会计账簿封面的填写示范

2. 会计账簿扉页的填写

会计账簿扉页的填写示范，以总分类账扉页为例，见图 4-6。

3. 会计账簿会计科目目录的填写

会计账簿会计科目目录的填写示范，以总分类账会计科目为例，见图 4-7。

4. 总分类账

总分类账的设置、登记与结账示范，以"库存现金"总分类账为例，见图 4-8。

5. 明细分类账

明细分类账的设置、登记与结账示范，以"应收账款——中天股份有限公司"明细分类账（三栏式）、"原材料——甲材料"明细分类账（数量金额式）、"生产成本——A产品"明细分类账（借方多栏式）、"制造费用"明细分类账（借方多栏式）、"在途物资——甲材料"明细分类账（平行登记式）为例，分别见图 4-9 至图 4-13。

6. 日记账

日记账的设置、登记与结账示范，以现金日记账为例，见图 4-14。

7. 试算平衡表

试算平衡表的编制方法，以"银行存款"科目为例，见图 4-15。

账簿启用及接交表

单位名称	东方有限责任公司		印鉴	东方有限责任公司 财务专用章	
账簿名称	总分类账				
账簿编号	01				
账簿页数	本账簿共计（28）页（本账簿页数检点人盖章）				
启用日期	公元 2×20 年 01 月 01 日				
经管人员	负责人	姓名	盖章	会计主管	姓名	盖章	记账	姓名	盖章
								王芳	
	经管人员								
接交记录	职别	姓名	复核			接管			
			年	月	日	盖章	年	月	日	盖章
备注									

图 4-6 会计账簿扉页的填写示范

会计科目目录

编号	会计科目	页码	编号	会计科目	页码	编号	会计科目	页码
1001	库存现金	01	2001	短期借款	12	6401	主营业务成本	23
1002	银行存款	02	2202	应付账款	13	6403	税金及附加	24
1122	应收账款	03	2203	预收账款	14	6601	销售费用	25
1123	预付账款	04	2211	应付职工薪酬	15	6602	管理费用	26
1402	在途物资	05	2221	应交税费	16	6603	财务费用	27
1403	原材料	06	2231	应付利息	17	6801	所得税费用	28
5001	生产成本	07	4001	实收资本	18			
5101	制造费用	08	4101	盈余公积	19			
1405	库存商品	09	4103	本年利润	20			
1601	固定资产	10	4104	利润分配	21			
1602	累计折旧	11	6001	主营业务收入	22			

图 4-7　会计账簿会计科目目录的填写示范

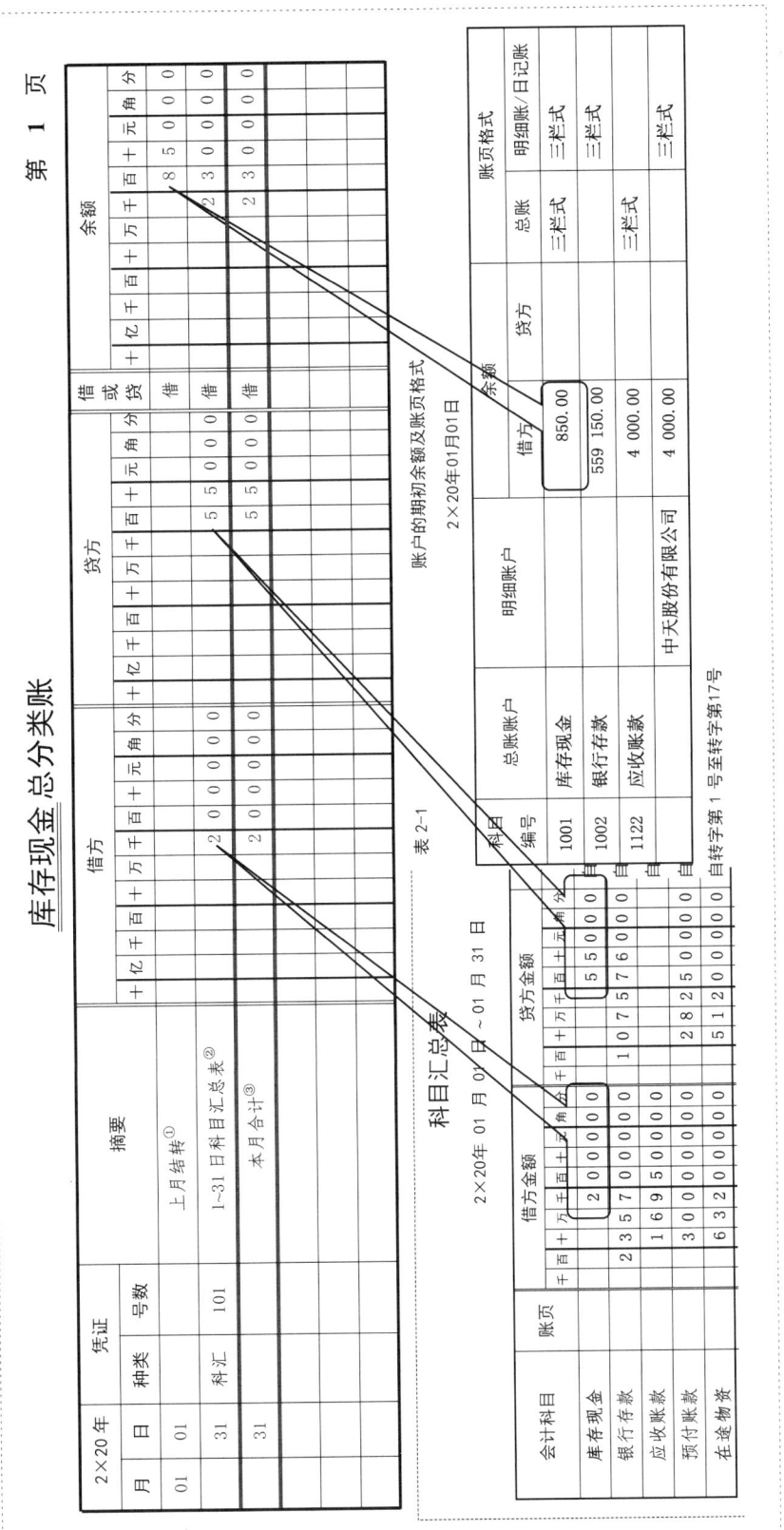

图 4-8 "库存现金"总分类账的填写示范

① 登记期初余额:会计实务中,每年更换新账时,为了保证账户记录的连续性,直接将上年账户的期末余额结转至下年。根据表 2-1 所示的账户的期末余额填列 2×20 年 1 月 1 日账户余额(即上月结转)。如果账户上月(年)没有期末余额,则月(年)初不结转上月(年)余额。
② 登记本期发生额:会计实务中,会计一般编制三旬科目汇总表,每月登记三次总账,平时不用结计余额,月末验全月编制一张科目汇总表,根据科目汇总表直接登记总账。月末结计余额,并注明方向。
③ 期末结账:月末结账,在最后一笔经济业务的底端通栏划单红线,结计"本月合计",并在"本月合计"行底端通栏划单红线(以加粗线条表示红线,下同)。

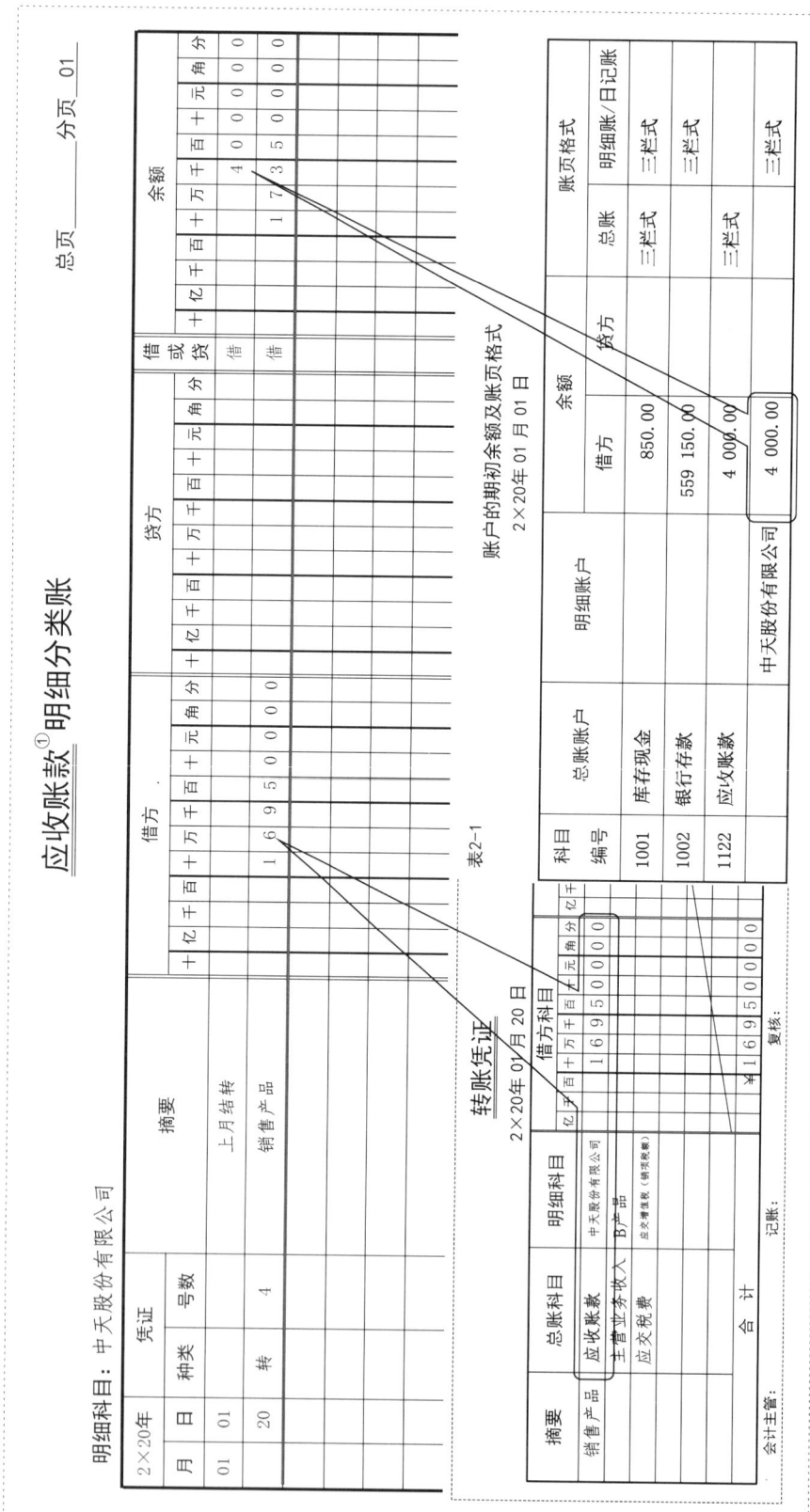

图 4-9 "应收账款——中天股份有限公司"明细分类账的填写示范

① 首先,登记期初余额。根据表2-1登记期初余额(上年结转)。其次,登记本期发生额:根据记账凭证(转字第4号)逐笔登记发生额,并逐笔结计余额。最后,期末结账:期末在最后一笔经济业务底端通栏划单红线。

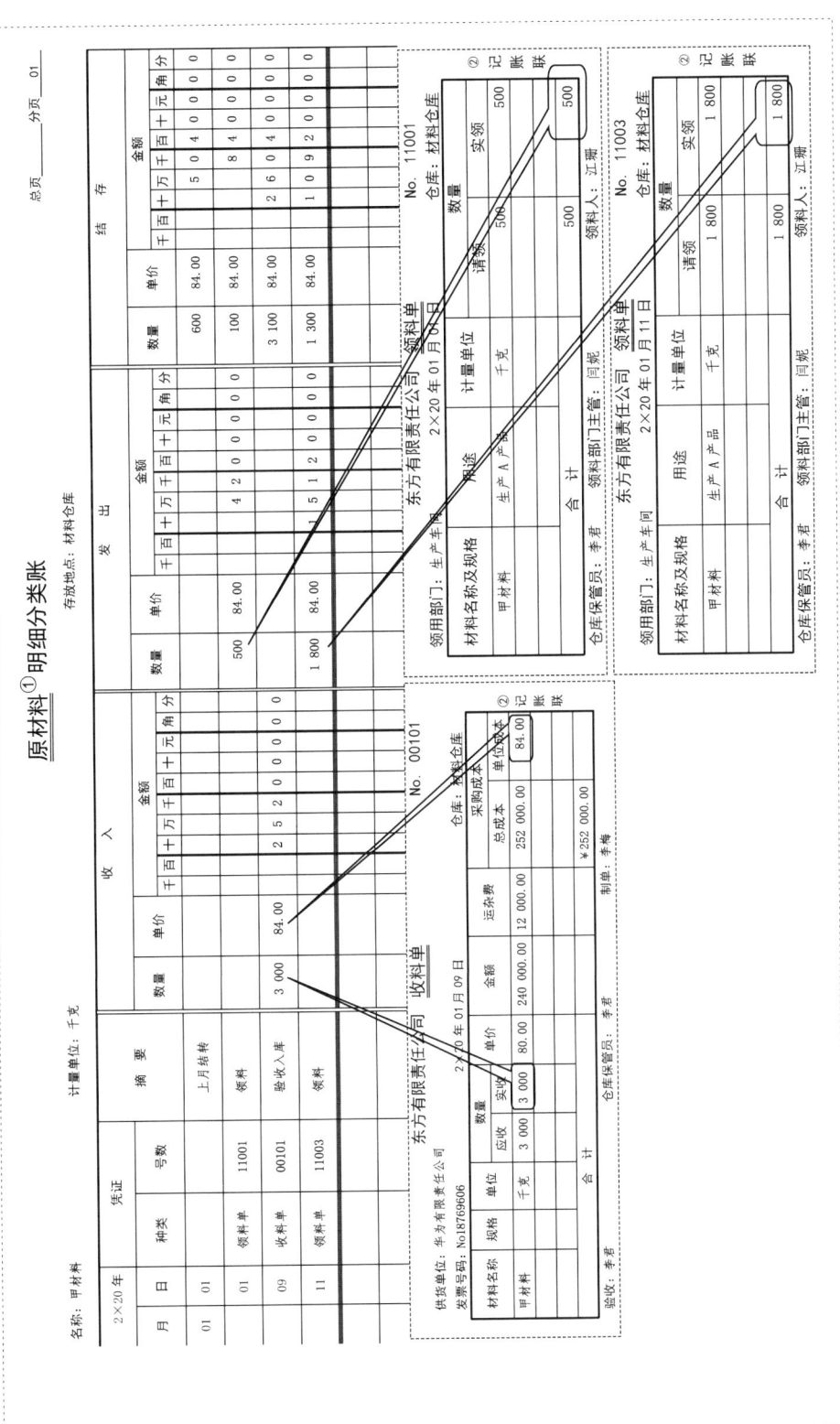

图4-10 "原材料——甲材料"明细分类账的填制示范

① 首先,登记期初余额:根据表2-3登记期初余额(上月结转)。其次,登记发生额:"原材料"明细分类账根据收料单、领料单登记;原材料发出采用先进先出法结转发出材料的成本,并逐笔结计余额。最后,期末结账:期末在最后一笔经济业务底端通栏划单红线。

② 记账联资料归会计核算白吃与范示操作验实料的成本转结发出材料先进先出法采用原材料发出领料单登记原材料明细分类账根据收料单

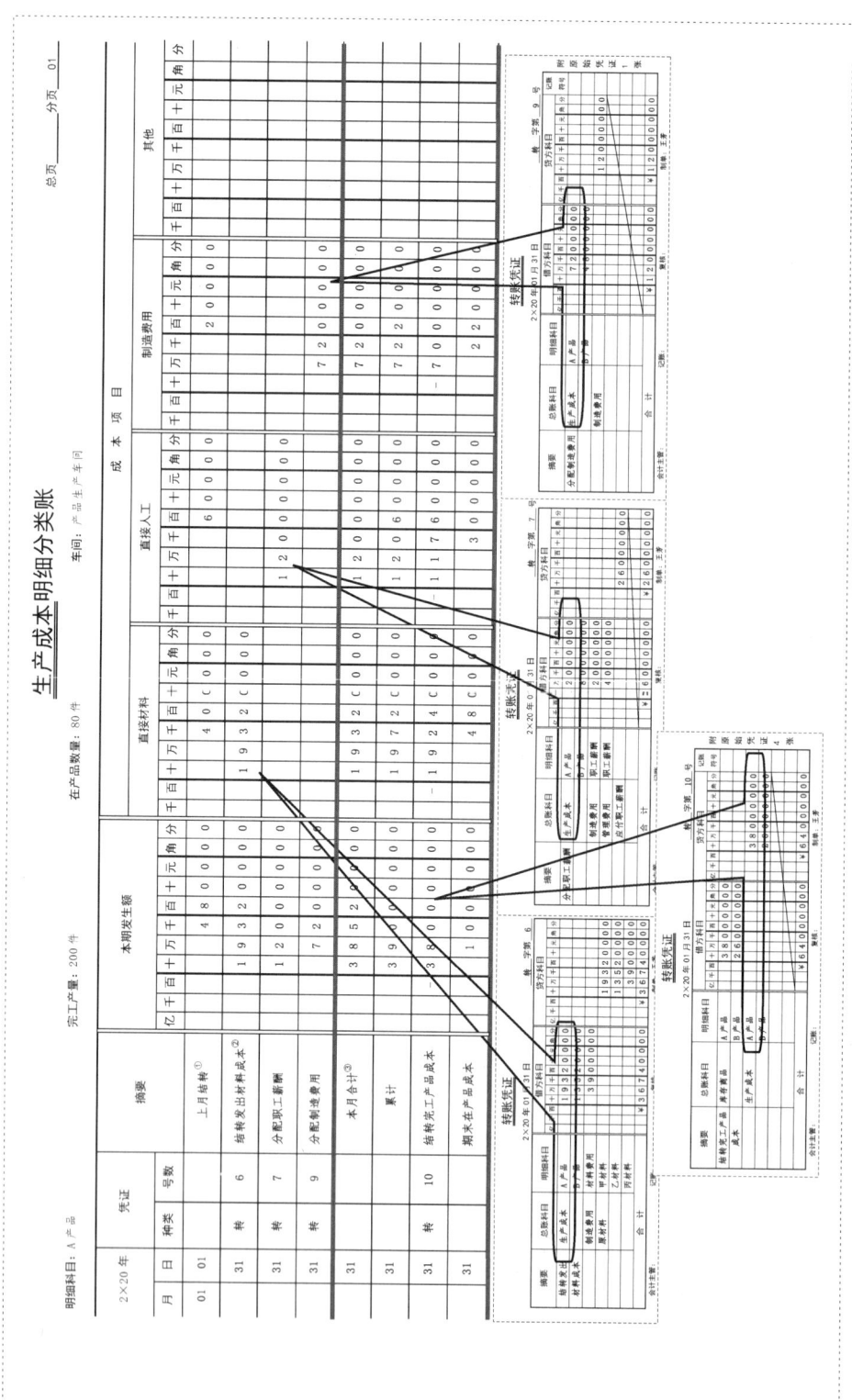

图 4-11 "生产成本——A产品"明细分类账的填制示范

制造费用① 明细分类账

明细科目：生产车间　　　　　　　　　　　　　　　　　　　　　　　总页 _____ 分页 01

2×20年		凭证		摘要	借方	贷方	借或贷	余额	费用项目		
月	日	种类	号数						职工薪酬	折旧费	水电费	其他
01	12	现付	1	车间购买办公用品②	5 5 0 00		借	5 5 0 00				5 5 0 00
	30	银付	6	支付水电费	1 6 2 5 0 00		借	1 6 8 0 0 00			1 6 2 5 0 00	
	31	转	7	结转发出材料成本	3 9 0 0 00		借	2 0 7 0 0 00				3 9 0 0 00
	31	转	8	分配职工薪酬	2 0 0 0 00		借	2 2 7 0 0 00	2 0 0 0 00			
	31	转	8	计提固定资产折旧	4 4 2 0 00		借	2 7 1 2 0 00		4 4 2 0 00		
	31	转	9	分配制造费用		2 7 1 2 0 00	平					
	31			本月合计③	2 7 1 2 0 00	2 7 1 2 0 00	平		2 0 0 0 00	4 4 2 0 00	1 6 2 5 0 00	3 9 5 0 00
	31			本年累计	2 7 1 2 0 00	2 7 1 2 0 00	平		2 0 0 0 00	4 4 2 0 00	1 6 2 5 0 00	3 9 5 0 00

图 4-12 "制造费用"明细分类账的填写示范

① 登记期初余额："制造费用"明细分类账没有期初余额，所以期初不用结转上月余额。
② 登记本期发生额：直接根据记账凭证逐笔登记本期发生额。
③ 期末结账：期末结账时"本月合计"和"本年累计"。"制造费用"账户期末无余额，在"元"位写"0"，并划注销线，在"借或贷"栏写"平"字。

107

在途物资①明细分类账

总页______ 分页 01

材料名称：甲材料

2×20年 月	日	凭证 种类	号数	发票号码	供应单位	计量单位	发票数量	采购成本（借方） 发票金额	运杂费	合计	入库成本（贷方） 日期 月	日	凭证号数	收料单号码	实收数量	单价	金额
01	04	银付	2、4	No.18769606	华为有限责任公司	千克	3 000	24000000	1200000	25200000	07	09	转 3	00101	3 000	84.00	25200000

付款凭证

贷方科目：银行存款　　2×20年01月04日　　银付 字第 2 号

摘要	借方科目 总账科目	明细科目	金额	记账符号
采购材料	在途物资	甲材料	24000000	
	应交税费	应交增值税（进项税额）	3120000	
合　计			¥27120000	

附原始凭证3张

会计主管：　记账：　复核：　出纳：　制单：张燕

转账凭证

2×20年01月09日　　转 字第 3 号

摘要	总账科目	明细科目	借方科目	贷方科目	记账符号
结转验收入库材料成本	原材料	甲材料	25200000		
		乙材料	26000000		
	在途物资	甲材料		25200000	
		乙材料		26000000	
合　计			¥51200000	¥51200000	

附原始凭证2张

会计主管：　记账：　复核：　制单：王芳

付款凭证

贷方科目：银行存款　　2×20年01月08日　　银付 字第 4 号

摘要	借方科目 总账科目	明细科目	金额	记账符号
支付采购材料运费	在途物资	甲材料	1200000	
		乙材料	1000000	
	应交税费	应交增值税（进项税额）	198000	
合　计			¥2398000	

附原始凭证3张

会计主管：　记账：　复核：　出纳：　制单：张燕

东方有限责任公司　收料单

No. 00101

供货单位：华为有限责任公司

发票号码：No18769606　　2×20年01月09日　　仓库：材料仓库

材料名称	规格	单位	数量 凭证	实收	单价	金额	运杂费	采购成本 总成本	单位成本
甲材料		千克	3 000	3 000	80.00	240 000.00	12 000.00	252 000.00	84.00
合　计								¥252 000.00	84.00

②记账联

验收：李君　　仓库保管员：李君　　制单：李梅

图 4-13　“在途物资——甲材料”明细分类账的填写示范

① 首先，登记期初余额：“在途物资”明细分类账没有期初余额，所以期初不用结转上年余额。其次，登记本期发生额：直接根据记账凭证和所附的原始凭证逐笔登记本期发生额。借方发生额按经济业务发生的时间顺序登记，贷方发生额在同一笔经济业务对应的借方发生额行次中登记。最后，期末结账：期末在最后一笔经济业务底端通栏划单红线。

现 金 日 记 账

第 1 页

2×20年		凭证		摘要	对方科目	借方（收入）	贷方（支出）	借或贷	结存
月	日	种类	号数			千百十万千百十元角分	千百十万千百十元角分		千百十万千百十元角分
01	01			上月结转①				借	8 5 0 0 0
	12	银付	6	提取现金②	银行存款	2 0 0 0 0 0		借	2 3 0 0 0 0
	12	现付	1	车间购买办公用品	制造费用		5 5 0 0 0	借	2 3 0 0 0 0
	31			本月合计③		2 0 0 0 0 0	5 5 0 0 0		

付款凭证
货方科目：银行存款　　　　2×20年01月12日　　　　银付字第 6 号

摘要	借方科目		金额
	总账科目	明细科目	千百十万千百十元角分
提取现金	库存现金		¥ 2 0 0 0 0 0
合　计			¥ 2 0 0 0 0 0

出纳：　　复核：　　记账：　　会计主管：　　制单：张燕　　附原始凭证 3 张

付款凭证
贷方科目：库存现金　　　　2×20年01月12日　　　　现付字第 1 号

摘要	借方科目		金额
	总账科目	明细科目	千百十万千百十元角分
车间购买办公用品	制造费用	其他	¥ 5 5 0 0 0
合　计			¥ 5 5 0 0 0

出纳：　　复核：　　记账：　　会计主管：　　制单：张燕　　附原始凭证 3 张

图 4-14　现金日记账的填写示范

① 登记期初余额：根据表 2-1 登记期初余额。
② 登记本期发生额：根据收款凭证、付款凭证逐笔登记发生额；每日结计余额，与现金实存数核对。
③ 期末结账：每月结计本月发生额和期末余额。

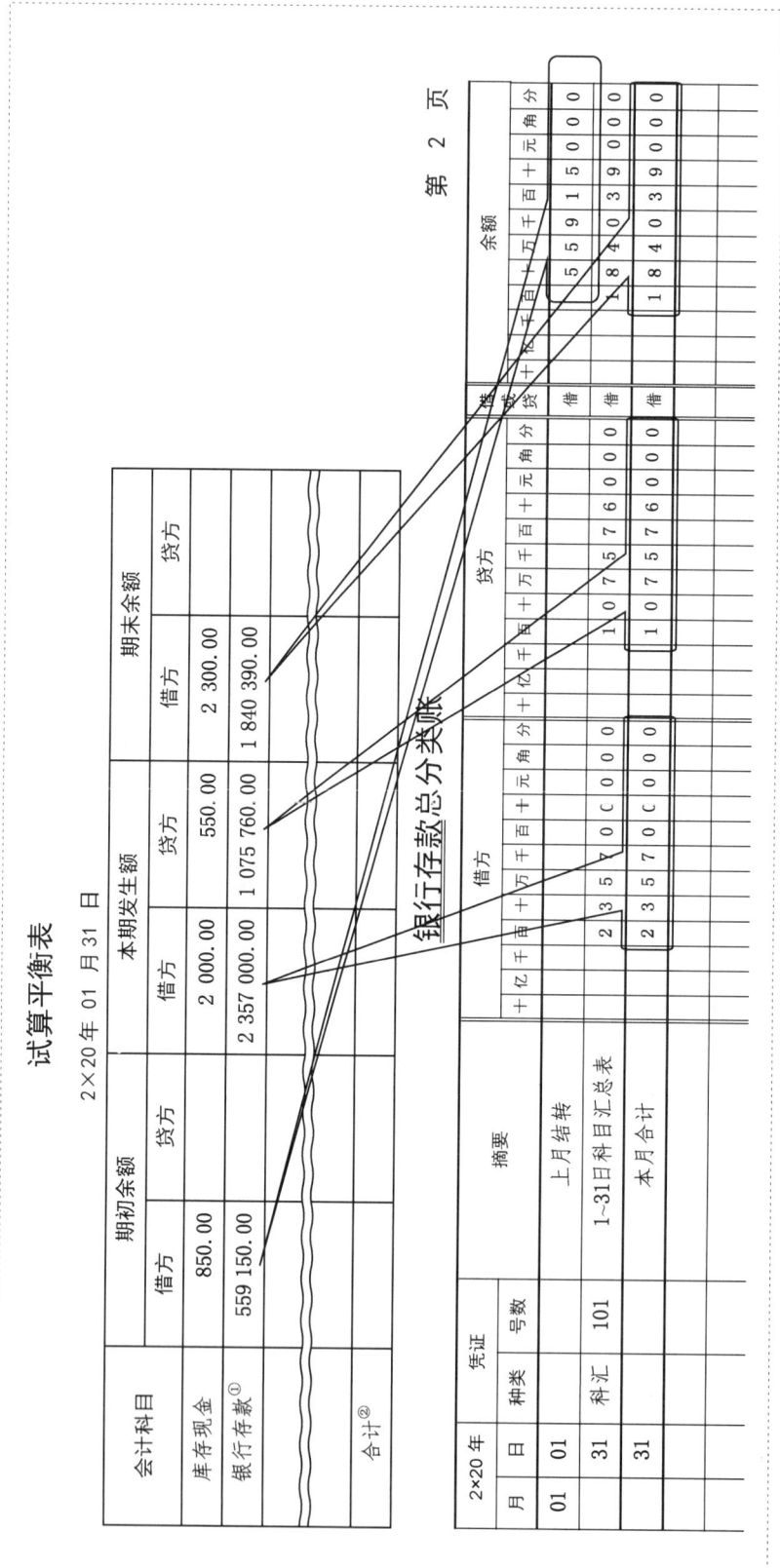

图 4-15 试算平衡表的编制示范

① 根据"银行存款"总分类账户期初借方余额、本期借方发生额、本期贷方发生额、期末借方余额分别填列。
② 期初余额的借方合计=贷方合计；本期发生额的借方合计=贷方合计；期末余额的借方合计=贷方合计。

(三) 财务报表

财务报表是对企业财务状况、经营成果和现金流量的结构性表述。一套完整的财务报表至少应当包括下列组成部分：①资产负债表。②利润表。③现金流量表。④所有者权益变动表。⑤附注。实验项目"六、编制财务报表"只要求编制资产负债表和利润表。

1. 资产负债表的编制步骤

（1）填写资产负债表表首，主要包括编制单位名称、编制时间、计量单位等。

（2）填写上年年末余额，直接根据上年度的年度报表的期末余额填列本期资产负债表的上年年末余额的对应位置。

（3）填写期末余额。①根据总账科目余额的合计填列，如"货币资金""存货"等项目。②根据明细科目余额重分类计算填列，如"应收账款""预收款项""应付账款""预付款项"等项目。③根据总账科目余额直接填列，如"短期借款""应付职工薪酬"等项目。④根据表内项目计算填列，如"流动资产合计"项目根据表内各流动资产项目金额计算填列，"非流动资产合计"项目根据表内各非流动资产项目金额计算填列，"资产总计"项目根据"流动资产合计""非流动资产合计"项目加计填列等。

（4）验证表内项目的平衡关系，如"资产总计"项目期末余额与"负债和所有者权益总计"项目期末余额相等。

（5）签字盖章，相关责任人在公司法定代表人、会计主管、会计机构负责人、制表等项目处签章。

2. 利润表的编制步骤

（1）填写利润表表首，主要包括编制单位名称、会计期间、计量单位等。

（2）填写"本期余额"。①根据总账科目本期发生额（净额）的合计填列，如"营业收入""营业成本"等项目。②根据总账科目本期发生额（净额）直接填列，如"税金及附加""销售费用""管理费用""财务费用""所得税费用"等项目。③根据总账科目期末明细科目的本期发生额分析填列，如"利息费用""利息收入"等项目。④根据表内项目计算填列，如"营业利润""利润总额""净利润"等项目。

（3）填写"上期金额"，与"本期金额"的填列方法是一致的，运用的是各个总账科目的"本年累计发生额"。

（4）签字盖章，相关责任人在公司法定代表人、会计主管、会计机构负责人、制表等项目处签章。

二、空白会计核算资料

(一) 会计凭证

（1）收款凭证4张、付款凭证10张、转账凭证18张（备用1张）、科目汇总表1张。

（2）记账凭证封面和封底各3张，包角4对（备用1对）。

(二) 会计账簿

（1）总分类账封面、扉页、会计科目目录、封底各 1 张,账页 28 页。

（2）明细分类账封面、扉页、会计科目目录、封底各 1 张,账页 15 张（三栏式 4 张、数量金额式 3 张、多栏式 5 张、平行登记式 3 张）。

（3）日记账封面、扉页、会计科目目录、封底各 1 张,账页 3 张。

（4）试算平衡表 1 张。

(三) 财务报表

（1）财务报表封面、封底各 1 张。

（2）资产负债表 1 张。

（3）利润表 1 张。

收 款 凭 证

借方科目：　　　　　　　　　　　　　年　月　日　　　　　　　　字第　　号

摘要	贷方科目		金额										记账符号
	总账科目	明细科目	亿	千	百	十	万	千	百	十	元	角	分	
合　计														

会计主管：　　　　记账：　　　　复核：　　　　出纳：　　　　制单：

附原始凭证　　张

收 款 凭 证

借方科目：　　　　　　　　　　　　　年　月　日　　　　　　　　字第　　号

摘要	贷方科目		金额										记账符号
	总账科目	明细科目	亿	千	百	十	万	千	百	十	元	角	分	
合　计														

会计主管：　　　　记账：　　　　复核：　　　　出纳：　　　　制单：

附原始凭证　　张

收 款 凭 证

借方科目：　　　　　　　　　　　年　月　日　　　　　　　　　字第＿＿号

摘要	贷方科目		金额											记账符号
	总账科目	明细科目	亿	千	百	十	万	千	百	十	元	角	分	
合　计														

会计主管：　　　　记账：　　　　复核：　　　　出纳：　　　　制单：

附原始凭证　　张

收 款 凭 证

借方科目：　　　　　　　　　　　年　月　日　　　　　　　　　字第＿＿号

摘要	贷方科目		金额											记账符号
	总账科目	明细科目	亿	千	百	十	万	千	百	十	元	角	分	
合　计														

会计主管：　　　　记账：　　　　复核：　　　　出纳：　　　　制单：

附原始凭证　　张

第四部分　实验操作示范与空白会计核算资料。

付 款 凭 证

贷方科目：　　　　　　　　　　　年　　月　　日　　　　　　　　　　字第＿＿号

摘要	借方科目		金额										记账符号
	总账科目	明细科目	亿	千	百	十	万	千	百	十	元	角	分	
合　计														

附原始凭证　　张

会计主管：　　　　记账：　　　　复核：　　　　出纳：　　　　制单：

付 款 凭 证

贷方科目：　　　　　　　　　　　年　　月　　日　　　　　　　　　　字第＿＿号

摘要	借方科目		金额										记账符号
	总账科目	明细科目	亿	千	百	十	万	千	百	十	元	角	分	
合　计														

附原始凭证　　张

会计主管：　　　　记账：　　　　复核：　　　　出纳：　　　　制单：

付 款 凭 证

贷方科目：　　　　　　　　　　　　年　月　日　　　　　　　　字第___号

摘要	借方科目		金额											记账符号
	总账科目	明细科目	亿	千	百	十	万	千	百	十	元	角	分	
合　计														

会计主管：　　　　　记账：　　　　　复核：　　　　　出纳：　　　　　制单：

附原始凭证　　张

付 款 凭 证

贷方科目：　　　　　　　　　　　　年　月　日　　　　　　　　字第___号

摘要	借方科目		金额											记账符号
	总账科目	明细科目	亿	千	百	十	万	千	百	十	元	角	分	
合　计														

会计主管：　　　　　记账：　　　　　复核：　　　　　出纳：　　　　　制单：

附原始凭证　　张

第四部分　实验操作示范与空白会计核算资料

付 款 凭 证

贷方科目：　　　　　　　　　　年　月　日　　　　　　　字第＿＿号

摘要	借方科目		金额										记账符号
	总账科目	明细科目	亿	千	百	十	万	千	百	十	元	角	分	
合　计														

会计主管：　　　　记账：　　　　复核：　　　　出纳：　　　　制单：

附原始凭证　　张

付 款 凭 证

贷方科目：　　　　　　　　　　年　月　日　　　　　　　字第＿＿号

摘要	借方科目		金额										记账符号
	总账科目	明细科目	亿	千	百	十	万	千	百	十	元	角	分	
合　计														

会计主管：　　　　记账：　　　　复核：　　　　出纳：　　　　制单：

附原始凭证　　张

付 款 凭 证

贷方科目：　　　　　　　　　　年　　月　　日　　　　　　　　　字第＿＿号

摘要	借方科目		金额										记账符号
	总账科目	明细科目	亿	千	百	十	万	千	百	十	元	角	分	
合　计														

会计主管：　　　　记账：　　　　复核：　　　　出纳：　　　　制单：

附原始凭证　　张

付 款 凭 证

贷方科目：　　　　　　　　　　年　　月　　日　　　　　　　　　字第＿＿号

摘要	借方科目		金额										记账符号
	总账科目	明细科目	亿	千	百	十	万	千	百	十	元	角	分	
合　计														

会计主管：　　　　记账：　　　　复核：　　　　出纳：　　　　制单：

附原始凭证　　张

付 款 凭 证

贷方科目：　　　　　　　　　　　　年　　月　　日　　　　　　　　字第＿＿号

摘要	借方科目		金额										记账符号
	总账科目	明细科目	亿	千	百	十	万	千	百	十	元	角	分	
合　计														

会计主管：　　　　　记账：　　　　　复核：　　　　　出纳：　　　　　制单：

附原始凭证　　张

付 款 凭 证

贷方科目：　　　　　　　　　　　　年　　月　　日　　　　　　　　字第＿＿号

摘要	借方科目		金额										记账符号
	总账科目	明细科目	亿	千	百	十	万	千	百	十	元	角	分	
合　计														

会计主管：　　　　　记账：　　　　　复核：　　　　　出纳：　　　　　制单：

附原始凭证　　张

转 账 凭 证

年　月　日　　　　　　　　　　　　　　字第　　号

摘要	总账科目	明细科目	借方科目 亿 千 百 十 万 千 百 十 元 角 分	贷方科目 亿 千 百 十 万 千 百 十 元 角 分	记账符号
	合　计				

会计主管：　　　　　　记账：　　　　　　复核：　　　　　　制单：

附原始凭证　　张

转 账 凭 证

年　月　日　　　　　　　　　　　　　　字第　　号

摘要	总账科目	明细科目	借方科目 亿 千 百 十 万 千 百 十 元 角 分	贷方科目 亿 千 百 十 万 千 百 十 元 角 分	记账符号
	合　计				

会计主管：　　　　　　记账：　　　　　　复核：　　　　　　制单：

附原始凭证　　张

转 账 凭 证

年　　月　　日　　　　　　　　　字第　　号

摘要	总账科目	明细科目	借方科目 亿千百十万千百十元角分	贷方科目 亿千百十万千百十元角分	记账符号
	合　计				

会计主管：　　　　　　记账：　　　　　　复核：　　　　　　制单：

附原始凭证　　张

转 账 凭 证

年　　月　　日　　　　　　　　　字第　　号

摘要	总账科目	明细科目	借方科目 亿千百十万千百十元角分	贷方科目 亿千百十万千百十元角分	记账符号
	合　计				

会计主管：　　　　　　记账：　　　　　　复核：　　　　　　制单：

附原始凭证　　张

转 账 凭 证

年　月　日　　　　　　　　　　　　　　　　　　　　　　　字第　　号

摘要	总账科目	明细科目	借方科目 亿千百十万千百十元角分	贷方科目 亿千百十万千百十元角分	记账符号
合　　计					

会计主管：　　　　　记账：　　　　　复核：　　　　　制单：

附原始凭证　　张

转 账 凭 证

年　月　日　　　　　　　　　　　　　　　　　　　　　　　字第　　号

摘要	总账科目	明细科目	借方科目 亿千百十万千百十元角分	贷方科目 亿千百十万千百十元角分	记账符号
合　　计					

会计主管：　　　　　记账：　　　　　复核：　　　　　制单：

附原始凭证　　张

转 账 凭 证

年　月　日　　　　　　　字第＿＿号

摘要	总账科目	明细科目	借方科目 亿千百十万千百十元角分	贷方科目 亿千百十万千百十元角分	记账符号
	合　计				

会计主管：　　　　　记账：　　　　　复核：　　　　　制单：

附原始凭证　　张

转 账 凭 证

年　月　日　　　　　　　字第＿＿号

摘要	总账科目	明细科目	借方科目 亿千百十万千百十元角分	贷方科目 亿千百十万千百十元角分	记账符号
	合　计				

会计主管：　　　　　记账：　　　　　复核：　　　　　制单：

附原始凭证　　张

转 账 凭 证

　　　　年　　月　　日　　　　　　　　　　　　　字第　　号

摘要	总账科目	明细科目	借方科目 亿千百十万千百十元角分	贷方科目 亿千百十万千百十元角分	记账符号
	合　计				

会计主管：　　　　　　记账：　　　　　　复核：　　　　　　制单：

附原始凭证　　张

转 账 凭 证

　　　　年　　月　　日　　　　　　　　　　　　　字第　　号

摘要	总账科目	明细科目	借方科目 亿千百十万千百十元角分	贷方科目 亿千百十万千百十元角分	记账符号
	合　计				

会计主管：　　　　　　记账：　　　　　　复核：　　　　　　制单：

附原始凭证　　张

转 账 凭 证

年　月　日　　　　　　　　　字第　　号

摘要	总账科目	明细科目	借方科目 亿千百十万千百十元角分	贷方科目 亿千百十万千百十元角分	记账符号
	合　计				

会计主管：　　　　记账：　　　　复核：　　　　制单：

附原始凭证　　张

转 账 凭 证

年　月　日　　　　　　　　　字第　　号

摘要	总账科目	明细科目	借方科目 亿千百十万千百十元角分	贷方科目 亿千百十万千百十元角分	记账符号
	合　计				

会计主管：　　　　记账：　　　　复核：　　　　制单：

附原始凭证　　张

转 账 凭 证

年　月　日　　　　　　　　　　　　　　　　字第　　号

摘要	总账科目	明细科目	借方科目											贷方科目											记账符号
			亿	千	百	十	万	千	百	十	元	角	分	亿	千	百	十	万	千	百	十	元	角	分	
	合　计																								

会计主管：　　　　　记账：　　　　　复核：　　　　　制单：

附原始凭证　　张

转 账 凭 证

年　月　日　　　　　　　　　　　　　　　　字第　　号

摘要	总账科目	明细科目	借方科目											贷方科目											记账符号
			亿	千	百	十	万	千	百	十	元	角	分	亿	千	百	十	万	千	百	十	元	角	分	
	合　计																								

会计主管：　　　　　记账：　　　　　复核：　　　　　制单：

附原始凭证　　张

转 账 凭 证

年　月　日　　　　　　　　　字第　　号

摘要	总账科目	明细科目	借方科目 亿千百十万千百十元角分	贷方科目 亿千百十万千百十元角分	记账符号
合　计					

会计主管：　　　　记账：　　　　复核：　　　　制单：

附原始凭证　　张

转 账 凭 证

年　月　日　　　　　　　　　字第　　号

摘要	总账科目	明细科目	借方科目 亿千百十万千百十元角分	贷方科目 亿千百十万千百十元角分	记账符号
合　计					

会计主管：　　　　记账：　　　　复核：　　　　制单：

附原始凭证　　张

转 账 凭 证

年　　月　　日　　　　　　　　　　　　字第　　号

摘要	总账科目	明细科目	借方科目											贷方科目											记账符号
			亿	千	百	十	万	千	百	十	元	角	分	亿	千	百	十	万	千	百	十	元	角	分	
合　计																									

会计主管：　　　　　　记账：　　　　　　复核：　　　　　　制单：

附原始凭证　　张

转 账 凭 证

年　　月　　日　　　　　　　　　　　　字第　　号

摘要	总账科目	明细科目	借方科目											贷方科目											记账符号
			亿	千	百	十	万	千	百	十	元	角	分	亿	千	百	十	万	千	百	十	元	角	分	
合　计																									

会计主管：　　　　　　记账：　　　　　　复核：　　　　　　制单：

附原始凭证　　张

第四部分　实验操作示范与空白会计核算资料

科目汇总表

年　　月　　日～　　月　　日　　　　　　　　　　科汇第＿＿＿字号

会计科目	账页	借方金额									贷方金额									记账凭证起讫号
		千	百	十	万	千	百	十	元	角	分	千	百	十	万	千	百	十	元	角	分	
																						自现收字第　号至现收字第　号
																						自银收字第　号至银收字第　号
																						自现付字第　号至现付字第　号
																						自银付字第　号至银付字第　号
																						自转字第　号至转字第　号
合　计																						

财务负责人：　　　　　　　　　记账：　　　　　　　　　制表：

凭 证 封 面①

年　　月份
自　　日至　　日

总　号	
第　　册	共　　册

凭证种类	起讫号数	凭证张数	附件张数	备注
	～			
	～			
	～			
	～			

主管：　　　　　　　会计：　　　　　　　装订：

抽出凭证登记表②

抽出日期	抽出凭证张数、号数				抽出理由	抽出人盖章	会计主管盖章	归还日期	备注
	记账凭证编号	名称	张数	金额					

① 此为记账凭证封面(正面)。
② 此为凭证封底(背面)。

凭 证 封 面

年　　月份
自　　日至　　日

总　号	
第　册	共　册

凭证种类	起讫号数	凭证张数	附件张数	备注
	~			
	~			
	~			
	~			

主管：　　　　　　　会计：　　　　　　　装订：

抽出凭证登记表

抽出日期	抽出凭证张数、号数				抽出理由	抽出人盖章	会计主管盖章	归还日期	备注
	记账凭证编号	名称	张数	金额					

凭 证 封 面

年　　月份
自　　日至　　日

总　号	
第　　册	共　　册

凭证种类	起讫号数	凭证张数	附件张数	备注
	~			
	~			
	~			
	~			

主管：　　　　　　　　　会计：　　　　　　　　　装订：

抽出凭证登记表

抽出日期	抽出凭证张数、号数				抽出理由	抽出人盖章	会计主管盖章	归还日期	备注
	记账凭证编号	名称	张数	金额					

第四部分

实验操作示范与空白会计核算资料。

记账凭证包角

第　册
第　号至第　号
年　月
共　册

年　月
第　号至第　号
第　册
共　册

第四部分 实验操作示范与空白会计核算资料。

东方有限责任公司

总分类账

账簿启用及接交表

单位名称					
账簿名称				印鉴	
账簿编号					
账簿页数	本账簿共计（　）页（本账簿页数检点人盖章）				
启用日期	公元　　年　　月　　日				
经管人员	负责人	姓名		会计主管	姓名	盖章
		盖章				
接交记录	职别	姓名	复核		记账	
			姓名	盖章	姓名	盖章
	接管	年　月　日		交出	年　月　日	
备注					

第四部分 实验操作示范与空白会计核算资料

会计科目目录

编号	会计科目	页码	编号	会计科目	页码	编号	会计科目	页码

第四部分

实验操作示范与空白会计核算资料

总分类账封底

库存现金 总分类账

第　　页

年		凭证		摘要	借方										贷方										借或贷	余额									
月	日	种类	号数		十亿	亿	千万	百万	十万	万	千	百	十	元	角	分	十亿	亿	千万	百万	十万	万	千	百	十	元	角	分		十亿	亿	千万	百万	十万	万	千	百	十	元	角	分

银行存款 总分类账

第　页

年		凭证		摘要	借方										贷方										借或贷	余额									
月	日	种类	号数		十亿	千百	百	十	万	千	百	十	元	角	分	十亿	千	百	十	万	千	百	十	元	角	分		十亿	千	百	十	万	千	百	十	元	角	分

第四部分　实验操作示范与空白会计核算资料。

应收账款 总分类账

第　　页

年		凭证		摘要	借方										贷方										借或贷	余额										
月	日	种类	号数		十亿	亿	千	百	十	万	千	百	十	元	角	分	十亿	亿	千	百	十	万	千	百	十	元	角	分		十亿	亿	千	百	十	万	千	百	十	元	角	分

预付账款 总分类账

第　　页

年		凭证		摘要	借方										贷方										借或贷	余额									
月	日	种类	号数		十	亿	千	百	十	万	千	百	十	元	角	分	十	亿	千	百	十	万	千	百	十	元	角	分		十	亿	千	百	十	万	千	百	十	元	角	分

在途物资 总分类账

第　　页

年		凭证		摘要	借方											贷方											借或贷	余额										
月	日	种类	号数		十亿	亿	千	百	十	万	千	百	十	元	角	分	十亿	亿	千	百	十	万	千	百	十	元	角	分		十亿	亿	千	百	十	万	千	百	十	元	角	分

原材料 总分类账

第　　页

年	月	日	凭证 种类	凭证 号数	摘要	借方 十亿千百十万千百十元角分	贷方 十亿千百十万千百十元角分	借或贷	余额 十亿千百十万千百十元角分

库存商品 总分类账

第　　页

年		凭证		摘要	借方										贷方										借或贷	余额									
月	日	种类	号数		十	亿	千	百	十	万	千	百	十	元	角	分	十	亿	千	百	十	万	千	百	十	元	角	分		十	亿	千	百	十	万	千	百	十	元	角	分

固定资产 总分类账

第　　页

年		凭证		摘要	借方										贷方										借或贷	余额									
月	日	种类	号数		十亿	亿	千	百	十	万	千	百	十	元	角	分	十亿	亿	千	百	十	万	千	百	十	元	角	分		十亿	亿	千	百	十	万	千	百	十	元	角	分

累计折旧 总分类账

第　　页

年		凭证		摘要	借方										贷方										借或贷	余额									
月	日	种类	号数		十亿	千	百	十	万	千	百	十	元	角	分	十亿	千	百	十	万	千	百	十	元	角	分		十亿	千	百	十	万	千	百	十	元	角	分

短期借款 总分类账

第 页

年		凭证		摘要	借方									贷方									借或贷	余额								
月	日	种类	号数		十亿	亿	千万	百万	十万	万	千	百	十	元	角	分	十亿	亿	千万	百万	十万	万	千	百	十	元	角	分		十亿	亿	千万	百万	十万	万	千	百	十	元	角	分

应付账款 总分类账

第　　页

年		凭证		摘要	借方										贷方										借或贷	余额									
月	日	种类	号数		十亿	亿	千万	百万	十万	万	千	百	十	元	角	分	十亿	亿	千万	百万	十万	万	千	百	十	元	角	分		十亿	亿	千万	百万	十万	万	千	百	十	元	角	分

预收账款 总分类账

第　　页

年		凭证		摘要	借方									贷方									借或贷	余额								
月	日	种类	号数		十亿	亿	千	百	十	万	千	百	十	元	角	分	十亿	亿	千	百	十	万	千	百	十	元	角	分	十亿	亿	千	百	十	万	千	百	十	元	角	分

应付职工薪酬 总分类账

第　　页

年		凭证		摘要	借方										贷方										借或贷	余额									
月	日	种类	号数		十亿	亿	千	百	十	万	千	百	十	元	角	分	十亿	亿	千	百	十	万	千	百	十	元	角	分		十亿	亿	千	百	十	万	千	百	十	元	角	分

应交税费 总分类账

第　　页

年		凭证		摘要	借方										贷方										借或贷	余额									
月	日	种类	号数		十亿	亿	千	百	十	万	千	百	十	元	角	分	十亿	亿	千	百	十	万	千	百	十	元	角	分		十亿	亿	千	百	十	万	千	百	十	元	角	分

应付利息 总分类账

第　　页

年		凭证		摘要	借方										贷方										借或贷	余额									
月	日	种类	号数		十亿	亿	千	百	十	万	千	百	十	元	角	分	十亿	亿	千	百	十	万	千	百	十	元	角	分		十亿	亿	千	百	十	万	千	百	十	元	角	分

实收资本 总分类账

第　　页

年	月	日	凭证种类	凭证号数	摘要	借方										贷方										借或贷	余额									
						十亿	亿	千万	百万	十万	万	千	百	十	元	角	分	十亿	亿	千万	百万	十万	万	千	百	十	元	角	分		十亿	亿	千万	百万	十万	万	千	百	十	元	角	分

盈余公积 总分类账

第　　页

年		凭证		摘要	借方										贷方										借或贷	余额									
月	日	种类	号数		十	亿	千	百	十	万	千	百	十	元	角	分	十	亿	千	百	十	万	千	百	十	元	角	分		十	亿	千	百	十	万	千	百	十	元	角	分

本年利润 总分类账

第　　页

年		凭证		摘要	借方										贷方										借或贷	余额									
月	日	种类	号数		十	亿	千	百	十	万	千	百	十	元	角	分	十	亿	千	百	十	万	千	百	十	元	角	分		十	亿	千	百	十	万	千	百	十	元	角	分

利润分配 总分类账

第　　页

年		凭证		摘要	借方										贷方										借或贷	余额									
月	日	种类	号数		十亿	亿	千	百	十	万	千	百	十	元	角	分	十亿	亿	千	百	十	万	千	百	十	元	角	分		十亿	亿	千	百	十	万	千	百	十	元	角	分

生产成本 总分类账

第　　页

年		凭证		摘要	借方									贷方									借或贷	余额								
月	日	种类	号数		十亿	亿	千	百	十	万	千	百	十	元	角	分	十亿	亿	千	百	十	万	千	百	十	元	角	分		十亿	亿	千	百	十	万	千	百	十	元	角	分

制造费用 总分类账

第　　页

年		凭证		摘要	借方											贷方											借或贷	余额										
月	日	种类	号数		十亿	千	百	十	万	千	百	十	元	角	分	十亿	千	百	十	万	千	百	十	元	角	分		十亿	千	百	十	万	千	百	十	元	角	分

主营业务收入 总分类账

第 页

年		凭证		摘要	借方										贷方										借或贷	余额									
月	日	种类	号数		十亿	亿	千	百	十	万	千	百	十	元	角	分	十亿	亿	千	百	十	万	千	百	十	元	角	分		十亿	亿	千	百	十	万	千	百	十	元	角	分

主营业务成本 总分类账

第　　页

年		凭证		摘要	借方										贷方										借或贷	余额									
月	日	种类	号数		十亿	亿	千	百	十	万	千	百	十	元	角	分	十亿	亿	千	百	十	万	千	百	十	元	角	分		十亿	亿	千	百	十	万	千	百	十	元	角	分

第四部分　实验操作示范与空白会计核算资料

税金及附加 总分类账

第　　页

年	月	日	凭证		摘要	借方										贷方										借或贷	余额									
			种类	号数		十	亿	千	百	十	万	千	百	十	元	角	分	十	亿	千	百	十	万	千	百	十	元	角	分		十	亿	千	百	十	万	千	百	十	元	角	分

销售费用 总分类账

第　　页

年		凭证		摘要	借方										贷方										借或贷	余额									
月	日	种类	号数		十亿	亿	千	百	十	万	千	百	十	元	角	分	十亿	亿	千	百	十	万	千	百	十	元	角	分	十亿	亿	千	百	十	万	千	百	十	元	角	分

管理费用 总分类账

第　　页

年		凭证		摘要	借方										贷方										借或贷	余额									
月	日	种类	号数		十亿	亿	千万	百万	十万	万	千	百	十	元	角	分	十亿	亿	千万	百万	十万	万	千	百	十	元	角	分		十亿	亿	千万	百万	十万	万	千	百	十	元	角	分

财务费用 总分类账

第　　页

年		凭证		摘要	借方										贷方										借或贷	余额									
月	日	种类	号数		十	亿	千	百	十	万	千	百	十	元	角	分	十	亿	千	百	十	万	千	百	十	元	角	分		十	亿	千	百	十	万	千	百	十	元	角	分

所得税费用 总分类账

第　页

年		凭证		摘要	借方										贷方										借或贷	余额									
月	日	种类	号数		十亿	亿	千	百	十	万	千	百	十	元	角	分	十亿	亿	千	百	十	万	千	百	十	元	角	分		十亿	亿	千	百	十	万	千	百	十	元	角	分

第四部分

实验操作示范与空白会计核算资料。

东方有限责任公司

明细分类账

账簿启用及接交表

单位名称						
账簿名称					印鉴	
账簿编号						
账簿页数	本账簿共计（　）页（本账簿页数检点人盖章）					
启用日期	公元　　年　　月　　日					
经管人员	负责人	盖章	会计主管	盖章	记账	盖章
	姓名		姓名		姓名	
接交记录	经管人员		复核	盖章	交出	盖章
	职别	姓名		姓名		姓名
			年	月	日	
			接管	盖章		
			年	月	日	
备注						

会计科目目录

编号	会计科目	页码	编号	会计科目	页码	编号	会计科目	页码

第四部分

实验操作示范与空白会计核算资料。

明细分类账封底

应收账款 明细分类账

明细科目：_____ 总页_____ 分页_____

年		凭证		摘要	借方									贷方									借或贷	余额									
月	日	种类	号数		十亿	亿	千	百	十	万	千	百	十	元	角	分	十亿	亿	千	百	十	万	千	百	十	元	角	分		十亿	亿	千	百	十	万	千	百	十	元	角	分

预付账款 明细分类账

总页 _____ 分页 _____

明细科目：_____

年		凭证		摘要	借方										贷方										借或贷	余额									
月	日	种类	号数		十亿	亿	千	百	十	万	千	百	十	元	角	分	十亿	亿	千	百	十	万	千	百	十	元	角	分		十亿	亿	千	百	十	万	千	百	十	元	角	分

应付账款 明细分类账

总页_____ 分页_____

明细科目：

年	月	日	凭证 种类	凭证 号数	摘要	借方 十亿 千 百 十 万 千 百 十 元 角 分	贷方 十亿 千 百 十 万 千 百 十 元 角 分	借或贷	余额 十亿 千 百 十 万 千 百 十 元 角 分

预收账款 明细分类账

总页 _____ 分页 _____

明细科目：_____

年		凭证		摘要	借方										贷方										借或贷	余额									
月	日	种类	号数		十亿	亿	千	百	十	万	千	百	十	元	角	分	十亿	亿	千	百	十	万	千	百	十	元	角	分		十亿	亿	千	百	十	万	千	百	十	元	角	分

原材料 明细分类账

总页_____ 分页_____

材料名称：　　　　计量单位：　　　　存放地点：

年		凭证		摘要	收入			发出			结存		
月	日	种类	号数		数量	单价	金额(千百十万千百十元角分)	数量	单价	金额(千百十万千百十元角分)	数量	单价	金额(千百十万千百十元角分)

原材料 明细分类账

材料名称：　　　　　　计量单位：　　　　　　存放地点：　　　　　　总页_____ 分页_____

年		凭证		摘要	收入			发出			结存		
月	日	种类	号数		数量	单价	金额（千百十万千百十元角分）	数量	单价	金额（千百十万千百十元角分）	数量	单价	金额（千百十万千百十元角分）

第四部分　实验操作示范与空白会计核算资料

原材料 明细分类账

材料名称：　　　　　　计量单位：　　　　　　存放地点：　　　　　　总页_____ 分页_____

年		凭证		摘要	收入			发出			结存		
月	日	种类	号数		数量	单价	金额（千百十万千百十元角分）	数量	单价	金额（千百十万千百十元角分）	数量	单价	金额（千百十万千百十元角分）

第四部分　实验操作示范与空白会计核算资料

生产成本 明细分类账

总页 _____ 分页 _____

明细科目：　　　　完工产量：　　　在产品数量：　　　车间：

年		凭证		摘要	本期发生额											成　本　项　目																																
																直接材料											直接人工											制造费用										其他		
月	日	种类	号数		亿	千	百	十	万	千	百	十	元	角	分	千	百	十	万	千	百	十	元	角	分	千	百	十	万	千	百	十	元	角	分	千	百	十	万	千	百	十	元	角	分	千	百	十	万	千	百	十	元	角	分

生产成本 明细分类账

总页 ___ 分页 ___

明细科目：___ 完工产量：___ 在产品数量：___ 车间：___

年		凭证		摘要	本期发生额										成本项目																															
															直接材料										直接人工										制造费用									其他			
月	日	种类	号数		亿	千	百	十	万	千	百	十	元	角	分	千	百	十	万	千	百	十	元	角	分	千	百	十	万	千	百	十	元	角	分	千	百	十	万	千	百	十	元	角	分

制造费用 明细分类账

总页_____ 分页_____

明细科目：_____

年		凭证		摘要	借方	贷方	借或贷	余额	(借)方 金额 分 析			
月	日	种类	号数		十万千百十元角分	十万千百十元角分		千百十万千百十元角分	职工薪酬 十万千百十元角分	折旧费 十万千百十元角分	水电费 十万千百十元角分	其他 十万千百十元角分

管理费用 明细分类账

总页_____ 分页_____

明细科目：_____

年 月 日	凭证 种类 号数	摘要	借方 十万千百十元角分	贷方 十万千百十元角分	借或贷	余额 千百十万千百十元角分	（借）方 金 额 分 析			
							职工薪酬 千百十万千百十元角分	折旧费 千百十万千百十元角分	水电费 千百十万千百十元角分	其他 千百十万千百十元角分

第四部分 实验操作示范与空白会计核算资料

应交税费——应交增值税 明细分类账

总页____ 分页____

明细科目：____

年		凭证		摘要	借方			贷方			借/贷	余额
月	日	种类	号数		进项税额 千百十万千百十元角分	借方 千百十万千百十元角分		销项税额 千百十万千百十元角分	贷方 千百十万千百十元角分			千百十万千百十元角分

在途物资 明细分类账

总页 _____ 分页 _____

材料名称：

年		凭证号数	发票号码	供应单位	计量单位	发票数量	发票金额									采购成本（借方）																								入库成本（贷方）				
																运杂费									合计										日期		凭证号数	收料单号码	实收数量	单价	总额				
月	日						千	百	十	万	千	百	十	元	角	分	千	百	十	万	千	百	十	元	角	分	千	百	十	万	千	百	十	元	角	分	月	日					千	百	十	万	千	百	十	元	角	分

在途物资 明细分类账

总页_____ 分页_____

材料名称：

年		凭证号数	发票号码	供应单位	计量单位	发票数量	采购成本（借方）			入库成本（贷方）			
月	日						发票金额	运杂费	合计	收料单号码	实收数量	单价	总额

（采购成本借方：发票金额、运杂费、合计 —— 每栏金额按 千百十万千百十元角分 分列；入库成本贷方总额按 千百十万千百十元角分 分列）

253

在途物资 明细分类账

总页_____ 分页_____

材料名称：

年		凭证号数	发票号码	供应单位	计量单位	发票数量	采购成本（借方）																																	入库成本（贷方）														
							发票金额									运杂费									合计									日期		凭证号数	收料单号码	实收数量	单价	总额										
月	日						千	百	十	万	千	百	十	元	角	分	千	百	十	万	千	百	十	元	角	分	千	百	十	万	千	百	十	元	角	分	月	日					千	百	十	万	千	百	十	元	角	分

第四部分

实验操作示范与空白会计核算资料

东方有限责任公司

日 记 账

账簿启用及接交表

单位名称					
账簿名称					印鉴
账簿编号					
账簿页数	本账簿共计（　）页（本账簿得页数检点人盖章）				
启用日期	公元　　年　　月　　日				
经管人员	负责人	姓名		会计主管	姓名	盖章	复核	姓名	盖章	记账	姓名	盖章
		盖章										
接交记录	职别	姓名						年 月 日 盖章 接管		年 月 日 盖章 交出 年 月 日 盖章		
备注						

会计科目目录

编号	会计科目	页码	编号	会计科目	页码	编号	会计科目	页码

第四部分 实验操作示范与空白会计核算资料

第四部分

实验操作示范与空白会计核算资料

日记账封底

现金日记账

第　　页

年		凭证		摘要	对方科目	账页	借方(收入)								贷方(支出)								借或贷	结存							
月	日	种类	号数				千	百	十	万	千	百	十	元	角	分	千	百	十	万	千	百	十	元	角	分	千	百	十	万	千	百	十	元	角	分

银行存款日记账

第　　页

年		凭证		摘要	对方科目	账页	借方(收入)									贷方(支出)									借或贷	结存								
月	日	种类	号数				千	百	十	万	千	百	十	元	角	分	千	百	十	万	千	百	十	元	角	分	千	百	十	万	千	百	十	元	角	分

第四部分　实验操作示范与空白会计核算资料。

银行存款日记账

第　页

年		凭证		摘要	对方科目	账页	借方（收入）									贷方（支出）									借或贷	结存								
月	日	种类	号数				千	百	十	万	千	百	十	元	角	分	千	百	十	万	千	百	十	元	角	分		千	百	十	万	千	百	十	元	角	分

第四部分 实验操作示范与空白会计核算资料。

试算平衡表

年　月　日

会计科目	期初余额		本期发生额		期末余额	
	借方	贷方	借方	贷方	借方	贷方
合　计						

东方有限责任公司
财务报表

_____ 年度

_____ 季度

_____ 月度

公司法定代表人 _____

主管会计工作负责人 _____

财务经理 _____

报送日期 _____

第四部分 实验操作示范与空白会计核算资料。

财务报表封底

资产负债表

会企01表
编制单位：＿＿＿＿年＿＿月＿＿日　　　　　　　　　　　　　　　　　单位：元

资产	期末余额	上年年末余额	负债和所有者权益（或股东权益）	期末余额	上年年末余额
流动资产：			流动负债：		
货币资金			短期借款		
交易性金融资产			交易性金融负债		
衍生金融资产			衍生金融负债		
应收票据			应付票据		
应收账款			应付账款		
应收款项融资			预收款项		
预付款项			合同负债		
其他应收款			应付职工薪酬		
存货			应交税费		
合同资产			其他应付款		
持有待售资产			持有待售负债		
一年内到期的非流动资产			一年内到期的非流动负债		
其他流动资产			其他流动负债		
流动资产合计			流动负债合计		
非流动资产：			非流动负债：		
债权投资			长期借款		
其他债权投资			应付债券		
长期应收款			其中：优先股		
长期股权投资			永续债		
其他权益工具投资			租赁负债		
其他非流动金融资产			长期应付款		
投资性房地产			预计负债		
固定资产			递延收益		
在建工程			递延所得税负债		
生产性生物资产			其他非流动负债		
油气资产			非流动负债合计		
使用权资产			负债合计		
无形资产			所有者权益（或股东权益）：		
开发支出			实收资本（或股本）		
商誉			其他权益工具		
长期待摊费用			其中：优先股		
递延所得税资产			永续债		
其他非流动资产			资本公积		
非流动资产合计			减：库存股		
			其他综合收益		
			专项储备		
			盈余公积		
			未分配利润		
			所有者权益（或股东权益）合计		
资产总计			负债和所有者权益（或股东权益）总计		

公司法定代表人：　　　　　会计主管：　　　　　会计机构负责人：　　　　　制表：

利 润 表

会企 02 表

编制单位：　　　　　　　　　　　　　　　年　　月　　　　　　　　　　　　　　　单位：元

项　目	本期金额	上期金额（略）
一、营业收入		
减：营业成本		
税金及附加		
销售费用		
管理费用		
研发费用		
财务费用		
其中：利息费用		
利息收入		
加：其他收益		
投资收益（损失以"－"号填列）		
其中：对联营企业和合营企业的投资收益		
以摊余成本计量的金融资产终止确认收益（损失以"－"号填列）		
净敞口投资收益（损失以"－"号填列）		
公允价值变动收益（损失以"－"号填列）		
信用减值损失（损失以"－"号填列）		
资产减值损失（损失以"－"号填列）		
资产处置收益（损失以"－"号填列）		
二、营业利润（亏损以"－"号填列）		
加：营业外收入		
减：营业外支出		
三、利润总额（亏损总额以"－"号填列）		
减：所得税费用		
四、净利润（净亏损以"－"号填列）		
（一）持续经营净利润（净亏损以"－"号填列）		
（二）终止经营净利润（净亏损以"－"号填列）		
五、其他综合收益的税后净额		
（一）不能重分类进损益的其他综合收益		
1. 重新计量设定收益计划变动额		
2. 权益法下不能转损益的其他综合收益		
3. 其他权益工具投资公允价值变动		
4. 企业自身信用风险公允价值变动		
……		
（二）将重分类进损益的其他综合收益		
1. 权益法下可转损益的其他综合收益		
2. 其他债权投资公允价值变动		
3. 金融资产重分类计入其他综合收益的金额		
4. 其他债权投资信用减值准备		
5. 现金流量套期储备		
6. 外币财务报表折算差额		
……		
六、综合收益总额		
七、每股收益：		
（一）基本每股收益		
（二）稀释每股收益		

公司法定代表人：　　　　　　会计主管：　　　　　　会计机构负责人：　　　　　　制表：

第五部分
实验常见问题的思考

1. 所有会计账簿都需要年初更换新账吗？
2. 在账页的填写中，所有会计科目都需要登记期初余额(上月结转)吗？
3. 总账账户的期初余额(上月结转)的"金额"误填在了"借方"栏或者"贷方"栏内，如何更正？
4. 如果原始凭证填写错误，应如何处理？
5. 为什么票据(如支票)的出票日期要用大写？
6. 现销、赊销、预收款销售业务所附的原始凭证有什么区别？
7. 在实验工作中，若记账凭证填写错误，应如何处理？
8. 如果一笔经济业务涉及的会计科目需要在多张记账凭证中填列，记账凭证应如何编号？
9. 在会计实务中，库存现金和银行存款的相互收付业务，应如何选择处理记账凭证？
10. 科目汇总表的主要作用是什么？在会计实务中，对于科目汇总表中的会计科目排列顺序如何安排，你有哪些好的建议？
11. 根据你的实验工作经验，是先结账，还是先对账？
12. 为什么不同的明细账结账方式可以不同(从提供会计信息的视角讨论)？
13. 资产负债表中的报表项目与会计科目有什么关系？
14. 资产负债表的"期末余额"栏如何填列？
15. 利润表的"本期金额"栏如何填列？
16. 会计凭证装订一般以多厚为宜？
17. 是不是所有的账簿都需要装订？
18. 会计凭证、会计账簿、财务报表多久装订一次？它们装订好后是否立刻送交档案管理部门？
19. 完成装订的会计凭证、会计账簿、财务报表需要归档保存，具体的保存期限是多久？
20. 总账和三栏式明细账设置科目较多时，如何快速查找对应科目的账页？
21. 填写多栏式明细账，如果"管理费用"科目的费用项目超出企业使用账簿的栏次，如何处置？
22. 采购人员经常在货物采购完毕几个月后才将采购发票移交给财务部门，对于这种拖延移交原始凭证的现象，会计该如何处理？
23. 出纳报销时，所附的单据不但有报销单，还有 5 张发票，附件的张数应该填写多少？
24. 有些企业按原始凭证的日期填写记账凭证，也有些企业期末集中填写记账凭证，哪种做法符合规范?
25. 可以使用红色墨水登记账簿的情况有哪些?
26. 会计人员登记明细账时,如果发生跳行、空页,应如何处理?
27. 凭证粘贴过于集中,造成中间大、两边小,无法装订时,会计人员应怎么处理?
28. 会计人员整理记账凭证时,若发现跳号,应如何处理?

06 第六部分
实验项目参考答案

一、试算平衡表

期初借方(贷方)余额合计为 3 542 500 元;本期借方(贷方)发生额合计为 8 735 700 元;期末借方(贷方)余额合计为 5 388 190 元。

二、资产负债表

期末余额:流动资产合计为 3 138 190 元;非流动资产合计为 1 477 000 元;流动负债合计为 813 190 元;非流动负债合计为 0;所有者权益为 3 802 000 元;资产(负债和所有者权益)总计为 4 615 190 元。

三、利润表

本期余额:营业利润为 540 000 元;净利润为 405 000 元。

附录
《会计基础工作规范》

(1996年6月17日财会字〔1996〕19号公布,根据2019年3月14日《财政部关于修改〈代理记账管理办法〉等2部部门规章的决定》修改)

第一章 总 则

第一条 为了加强会计基础工作,建立规范的会计工作秩序,提高会计工作水平,根据《中华人民共和国会计法》的有关规定,制定本规范。

第二条 国家机关、社会团体、企业、事业单位、个体工商户和其他组织的会计基础工作,应当符合本规范的规定。

第三条 各单位应当依据有关法律、法规和本规范的规定,加强会计基础工作,严格执行会计法规制度,保证会计工作依法有序地进行。

第四条 单位领导人对本单位的会计基础工作负有领导责任。

第五条 各省、自治区、直辖市财政厅(局)要加强对会计基础工作的管理和指导,通过政策引导、经验交流、监督检查等措施,促进基层单位加强会计基础工作,不断提高会计工作水平。

国务院各业务主管部门根据职责权限管理本部门的会计基础工作。

第二章 会计机构和会计人员

第一节 会计机构设置和会计人员配备

第六条 各单位应当根据会计业务的需要设置会计机构;不具备单独设置会计机构条件的,应当在有关机构中配备专职会计人员。

事业行政单位会计机构的设置和会计人员的配备,应当符合国家统一事业行政单位会计制度的规定。

设置会计机构,应当配备会计机构负责人;在有关机构中配备专职会计人员,应当在专职会计人员中指定会计主管人员。

会计机构负责人、会计主管人员的任免,应当符合《中华人民共和国会计法》和有关法律的规定。

第七条 会计机构负责人、会计主管人员应当具备下列基本条件:

(一)坚持原则,廉洁奉公;

(二)具备会计师以上专业技术资格职务或者从事会计工作不少于三年;

(三)熟悉国家财经法律、法规、规章和方针、政策,掌握本行业业务管理的有关知识;

（四）有较强的组织能力；

（五）身体状况能够适应本职工作的要求。

第八条　没有设置会计机构或者配备会计人员的单位，应当根据《代理记账管理办法》的规定，委托会计师事务所或者持有代理记账许可证书的代理记账机构进行代理记账。

第九条　大、中型企业、事业单位、业务主管部门应当根据法律和国家有关规定设置总会计师。总会计师由具有会计师以上专业技术资格的人员担任。

总会计师行使《总会计师条例》规定的职责、权限。

总会计师的任命（聘任）、免职（解聘）依照《总会计师条例》和有关法律的规定办理。

第十条　各单位应当根据会计业务需要配备会计人员，督促其遵守职业道德和国家统一的会计制度。

第十一条　各单位应当根据会计业务需要设置会计工作岗位。

会计工作岗位一般可分为：会计机构负责人或者会计主管人员，出纳，财产物资核算，工资核算，成本费用核算，财务成果核算，资金核算，往来结算，总账报表，稽核，档案管理等。开展会计电算化和管理会计的单位，可以根据需要设置相应工作岗位，也可以与其他工作岗位相结合。

第十二条　会计工作岗位，可以一人一岗、一人多岗或者一岗多人。但出纳人员不得兼管稽核、会计档案保管和收入、费用、债权债务账目的登记工作。

第十三条　会计人员的工作岗位应当有计划地进行轮换。

第十四条　会计人员应当具备必要的专业知识和专业技能，熟悉国家有关法律、法规、规章和国家统一会计制度，遵守职业道德。

会计人员应当按照国家有关规定参加会计业务的培训。各单位应当合理安排会计人员的培训，保证会计人员每年有一定时间用于学习和参加培训。

第十五条　各单位领导人应当支持会计机构、会计人员依法行使职权；对忠于职守、坚持原则、做出显著成绩的会计机构、会计人员，应当给予精神的和物质的奖励。

第十六条　国家机关、国有企业、事业单位任用会计人员应当实行回避制度。

单位领导人的直系亲属不得担任本单位的会计机构负责人、会计主管人员。会计机构负责人、会计主管人员的直系亲属不得在本单位会计机构中担任出纳工作。

需要回避的直系亲属为：夫妻关系、直系血亲关系、三代以内旁系血亲以及配偶亲关系。

第二节　会计人员职业道德

第十七条　会计人员在会计工作中应当遵守职业道德，树立良好的职业品质、严谨的工作作风，严守工作纪律，努力提高工作效率和工作质量。

第十八条　会计人员应当热爱本职工作，努力钻研业务，使自己的知识和技能适应所从事工作的要求。

第十九条　会计人员应当熟悉财经法律、法规、规章和国家统一会计制度，并结合会计工作进行广泛宣传。

第二十条　会计人员应当按照会计法律、法规和国家统一会计制度规定的程序和要求进行会计工作，保证所提供的会计信息合法、真实、准确、及时、完整。

第二十一条　会计人员办理会计事务应当实事求是、客观公正。

第二十二条　会计人员应当熟悉本单位的生产经营和业务管理情况，运用掌握的会计信息和会计方法,为改善单位内部管理、提高经济效益服务。

第二十三条 会计人员应当保守本单位的商业秘密。除法律规定和单位领导人同意外,不能私自向外界提供或者泄露单位的会计信息。

第二十四条 财政部门、业务主管部门和各单位应当定期检查会计人员遵守职业道德的情况,并作为会计人员晋升、晋级、聘任专业职务、表彰奖励的重要考核依据。

会计人员违反职业道德的,由所在单位进行处理。

第三节 会计工作交接

第二十五条 会计人员工作调动或者因故离职,必须将本人所经管的会计工作全部移交给接替人员。没有办清交接手续的,不得调动或者离职。

第二十六条 接替人员应当认真接管移交工作,并继续办理移交的未了事项。

第二十七条 会计人员办理移交手续前,必须及时做好以下工作:

(一)已经受理的经济业务尚未填制会计凭证的,应当填制完毕。

(二)尚未登记的账目,应当登记完毕,并在最后一笔余额后加盖经办人员印章。

(三)整理应该移交的各项资料,对未了事项写出书面材料。

(四)编制移交清册,列明应当移交的会计凭证、会计账簿、会计报表、印章、现金、有价证券、支票簿、发票、文件、其他会计资料和物品等内容;实行会计电算化的单位,从事该项工作的移交人员还应当在移交清册中列明会计软件及密码、会计软件数据磁盘(磁带等)及有关资料、实物等内容。

第二十八条 会计人员办理交接手续,必须有监交人负责监交。一般会计人员交接,由单位会计机构负责人、会计主管人员负责监交;会计机构负责人、会计主管人员交接,由单位领导人负责监交,必要时可由上级主管部门派人会同监交。

第二十九条 移交人员在办理移交时,要按移交清册逐项移交;接替人员要逐项核对点收。

(一)现金、有价证券要根据会计账簿有关记录进行点交。库存现金、有价证券必须与会计账簿记录保持一致。不一致时,移交人员必须限期查清。

(二)会计凭证、会计账簿、会计报表和其他会计资料必须完整无缺。如有短缺,必须查清原因,并在移交清册中注明,由移交人员负责。

(三)银行存款账户余额要与银行对账单核对,如不一致,应当编制银行存款余额调节表调节相符,各种财产物资和债权债务的明细账户余额要与总账有关账户余额核对相符;必要时,要抽查个别账户的余额,与实物核对相符,或者与往来单位、个人核对清楚。

(四)移交人员经管的票据、印章和其他实物等,必须交接清楚;移交人员从事会计电算化工作的,要对有关电子数据在实际操作状态下进行交接。

第三十条 会计机构负责人、会计主管人员移交时,还必须将全部财务会计工作、重大财务收支和会计人员的情况等,向接替人员详细介绍。对需要移交的遗留问题,应当写出书面材料。

第三十一条 交接完毕后,交接双方和监交人员要在移交清册上签名或者盖章。并应在移交清册上注明:单位名称,交接日期,交接双方和监交人员的职务、姓名,移交清册页数以及需要说明的问题和意见等。

移交清册一般应当填制一式三份,交接双方各执一份,存档一份。

第三十二条 接替人员应当继续使用移交的会计账簿，不得自行另立新账，以保持会计记录的连续性。

第三十三条 会计人员临时离职或者因病不能工作且需要接替或者代理的，会计机构负责人、会计主管人员或者单位领导人必须指定有关人员接替或者代理，并办理交接手续。

临时离职或者因病不能工作的会计人员恢复工作的，应当与接替或者代理人员办理交接手续。

移交人员因病或者其他特殊原因不能亲自办理移交的，经单位领导人批准，可由移交人员委托他人代办移交，但委托人应当承担本规范第三十五条规定的责任。

第三十四条 单位撤销时，必须留有必要的会计人员，会同有关人员办理清理工作，编制决算。未移交前，不得离职。接收单位和移交日期由主管部门确定。

单位合并、分立的，其会计工作交接手续比照上述有关规定办理。

第三十五条 移交人员对所移交的会计凭证、会计账簿、会计报表和其他有关资料的合法性、真实性承担法律责任。

第三章 会计核算

第一节 会计核算一般要求

第三十六条 各单位应当按照《中华人民共和国会计法》和国家统一会计制度的规定建立会计账册，进行会计核算，及时提供合法、真实、准确、完整的会计信息。

第三十七条 各单位发生的下列事项，应当及时办理会计手续、进行会计核算：

（一）款项和有价证券的收付；

（二）财物的收发、增减和使用；

（三）债权债务的发生和结算；

（四）资本、基金的增减；

（五）收入、支出、费用、成本的计算；

（六）财务成果的计算和处理；

（七）其他需要办理会计手续、进行会计核算的事项。

第三十八条 各单位的会计核算应当以实际发生的经济业务为依据，按照规定的会计处理方法进行，保证会计指标的口径一致、相互可比和会计处理方法的前后各期相一致。

第三十九条 会计年度自公历1月1日起至12月31日止。

第四十条 会计核算以人民币为记账本位币。

收支业务以外国货币为主的单位，也可以选定某种外国货币作为记账本位币，但是编制的会计报表应当折算为人民币反映。

境外单位向国内有关部门编报的会计报表，应当折算为人民币反映。

第四十一条 各单位根据国家统一会计制度的要求，在不影响会计核算要求、会计报表指标汇总和对外统一会计报表的前提下，可以根据实际情况自行设置和使用会计科目。

事业行政单位会计科目的设置和使用，应当符合国家统一事业行政单位会计制度的规定。

第四十二条 会计凭证、会计账簿、会计报表和其他会计资料的内容和要求必须符合国家统一会计制度的规定，不得伪造、变造会计凭证和会计账簿，不得设置账外账，不得报送虚假会计报表。

第四十三条 各单位对外报送的会计报表格式由财政部统一规定。

第四十四条 实行会计电算化的单位,对使用的会计软件及其生成的会计凭证、会计账簿、会计报表和其他会计资料的要求,应当符合财政部关于会计电算化的有关规定。

第四十五条 各单位的会计凭证、会计账簿、会计报表和其他会计资料,应当建立档案,妥善保管。会计档案建档要求、保管期限、销毁办法等依据《会计档案管理办法》的规定进行。

实行会计电算化的单位,有关电子数据、会计软件资料等应当作为会计档案进行管理。

第四十六条 会计记录的文字应当使用中文,少数民族自治地区可以同时使用少数民族文字。中国境内的外商投资企业、外国企业和其他外国经济组织也可以同时使用某种外国文字。

第二节 填制会计凭证

第四十七条 各单位办理本规范第三十七条规定的事项,必须取得或者填制原始凭证,并及时送交会计机构。

第四十八条 原始凭证的基本要求是:

(一)原始凭证的内容必须具备:凭证的名称;填制凭证的日期;填制凭证单位名称或者填制人姓名;经办人员的签名或者盖章;接受凭证单位名称;经济业务内容;数量、单价和金额。

(二)从外单位取得的原始凭证,必须盖有填制单位的公章;从个人取得的原始凭证,必须有填制人员的签名或者盖章。自制原始凭证必须有经办单位领导人或者其指定的人员签名或者盖章。对外开出的原始凭证,必须加盖本单位公章。

(三)凡填有大写和小写金额的原始凭证,大写与小写金额必须相符。购买实物的原始凭证,必须有验收证明。支付款项的原始凭证,必须有收款单位和收款人的收款证明。

(四)一式几联的原始凭证,应当注明各联的用途,只能以一联作为报销凭证。

一式几联的发票和收据,必须用双面复写纸(发票和收据本身具备复写纸功能的除外)套写,并连续编号。作废时应当加盖"作废"戳记,连同存根一起保存,不得撕毁。

(五)发生销货退回的,除填制退货发票外,还必须有退货验收证明;退款时,必须取得对方的收款收据或者汇款银行的凭证,不得以退货发票代替收据。

(六)职工公出借款凭据,必须附在记账凭证之后。收回借款时,应当另开收据或者退还借据副本,不得退还原借款收据。

(七)经上级有关部门批准的经济业务,应当将批准文件作为原始凭证附件。如果批准文件需要单独归档的,应当在凭证上注明批准机关名称、日期和文件字号。

第四十九条 原始凭证不得涂改、挖补。发现原始凭证有错误的,应当由开出单位重开或者更正,更正处应当加盖开出单位的公章。

第五十条 会计机构、会计人员要根据审核无误的原始凭证填制记账凭证。

记账凭证可以分为收款凭证、付款凭证和转账凭证,也可以使用通用记账凭证。

第五十一条 记账凭证的基本要求是:

(一)记账凭证的内容必须具备:填制凭证的日期;凭证编号;经济业务摘要;会计科目;金额;所附原始凭证张数;填制凭证人员、稽核人员、记账人员、会计机构负责人、会计主管人员签名或者盖章。收款和付款记账凭证还应当由出纳人员签名或者盖章。

以自制的原始凭证或者原始凭证汇总表代替记账凭证的,也必须具备记账凭证应有的项目。

（二）填制记账凭证时，应当对记账凭证进行连续编号。一笔经济业务需要填制两张以上记账凭证的，可以采用分数编号法编号。

（三）记账凭证可以根据每一张原始凭证填制，或者根据若干张同类原始凭证汇总填制，也可以根据原始凭证汇总表填制。但不得将不同内容和类别的原始凭证汇总填制在一张记账凭证上。

（四）除结账和更正错误的记账凭证可以不附原始凭证外，其他记账凭证必须附有原始凭证。如果一张原始凭证涉及几张记账凭证，可以把原始凭证附在一张主要的记账凭证后面，并在其他记账凭证上注明附有该原始凭证的记账凭证的编号或者附原始凭证复印件。

一张原始凭证所列支出需要几个单位共同负担的，应当将其他单位负担的部分，开给对方原始凭证分割单，进行结算。原始凭证分割单必须具备原始凭证的基本内容：凭证名称、填制凭证日期、填制凭证单位名称或者填制人姓名、经办人的签名或者盖章、接受凭证单位名称、经济业务内容、数量、单价、金额和费用分摊情况等。

（五）如果在填制记账凭证时发生错误，应当重新填制。

已经登记入账的记账凭证，在当年内发现填写错误时，可以用红字填写一张与原内容相同的记账凭证，在摘要栏注明"注销某月某日某号凭证"字样，同时再用蓝字重新填制一张正确的记账凭证，注明"订正某月某日某号凭证"字样。如果会计科目没有错误，只是金额错误，也可以将正确数字与错误数字之间的差额，另编一张调整的记账凭证，调增金额用蓝字，调减金额用红字。发现以前年度记账凭证有错误的，应当用蓝字填制一张更正的记账凭证。

（六）记账凭证填制完经济业务事项后，如有空行，应当自金额栏最后一笔金额数字下的空行处至合计数上的空行处划线注销。

第五十二条　填制会计凭证，字迹必须清晰、工整，并符合下列要求：

（一）阿拉伯数字应当一个一个地写，不得连笔写。阿拉伯金额数字前面应当书写货币币种符号或者货币名称简写和币种符号。币种符号与阿拉伯金额数字之间不得留有空白。凡阿拉伯数字前写有币种符号的，数字后面不再写货币单位。

（二）所有以元为单位（其他货币种类为货币基本单位，下同）的阿拉伯数字，除表示单价等情况外，一律填写到角分；无角分的，角位和分位可写"00"，或者符号"—"；有角无分的，分位应当写"0"，不得用符号"—"代替。

（三）汉字大写数字金额如零、壹、贰、叁、肆、伍、陆、柒、捌、玖、拾、佰、仟、万、亿等，一律用正楷或者行书体书写，不得用〇、一、二、三、四、五、六、七、八、九、十等简化字代替，不得任意自造简化字。大写金额数字到元或者角为止的，在"元"或者"角"字之后应当写"整"字或者"正"字；大写金额数字有分的，分字后面不写"整"或者"正"字。

（四）大写金额数字前未印有货币名称的，应当加填货币名称，货币名称与金额数字之间不得留有空白。

（五）阿拉伯金额数字中间有"0"时，汉字大写金额要写"零"字；阿拉伯数字金额中间连续有几个"0"时，汉字大写金额中可以只写一个"零"字；阿拉伯金额数字元位是"0"，或者数字中间连续有几个"0"、元位也是"0"但角位不是"0"时，汉字大写金额可以只写一个"零"字，也可以不写"零"字。

第五十三条　实行会计电算化的单位，对于机制记账凭证，要认真审核，做到会计科目使用正确，数字准确无误。打印出的机制记账凭证要加盖制单人员、审核人员、记账人员及会计机构负责人、会计主管人员印章或者签字。

第五十四条 各单位会计凭证的传递程序应当科学、合理,具体办法由各单位根据会计业务需要自行规定。

第五十五条 会计机构、会计人员要妥善保管会计凭证。

（一）会计凭证应当及时传递,不得积压。

（二）会计凭证登记完毕后,应当按照分类和编号顺序保管,不得散乱丢失。

（三）记账凭证应当连同所附的原始凭证或者原始凭证汇总表,按照编号顺序,折叠整齐,按期装订成册,并加具封面,注明单位名称、年度、月份和起讫日期、凭证种类、起讫号码,由装订人在装订线封签外签名或者盖章。

对于数量过多的原始凭证,可以单独装订保管,在封面上注明记账凭证日期、编号、种类,同时在记账凭证上注明"附件另订"和原始凭证名称及编号。

各种经济合同、存出保证金收据以及涉外文件等重要原始凭证,应当另编目录,单独登记保管,并在有关的记账凭证和原始凭证上相互注明日期和编号。

（四）原始凭证不得外借,其他单位如因特殊原因需要使用原始凭证时,经本单位会计机构负责人、会计主管人员批准,可以复制。向外单位提供的原始凭证复制件,应当在专设的登记簿上登记,并由提供人员和收取人员共同签名或者盖章。

（五）从外单位取得的原始凭证如有遗失,应当取得原开出单位盖有公章的证明,并注明原来凭证的号码、金额和内容等,由经办单位会计机构负责人、会计主管人员和单位领导人批准后,才能代作原始凭证。如果确实无法取得证明的,如火车、轮船、飞机票等凭证,由当事人写出详细情况,由经办单位会计机构负责人、会计主管人员和单位领导人批准后,代作原始凭证。

第三节　登记会计账簿

第五十六条 各单位应当按照国家统一会计制度的规定和会计业务的需要设置会计账簿。会计账簿包括总账、明细账、日记账和其他辅助性账簿。

第五十七条 现金日记账和银行存款日记账必须采用订本式账簿。不得用银行对账单或者其他方法代替日记账。

第五十八条 实行会计电算化的单位,用计算机打印的会计账簿必须连续编号,经审核无误后装订成册,并由记账人员和会计机构负责人、会计主管人员签字或者盖章。

第五十九条 启用会计账簿时,应当在账簿封面上写明单位名称和账簿名称。在账簿扉页上应当附启用表,内容包括：启用日期、账簿页数、记账人员和会计机构负责人、会计主管人员姓名,并加盖名章和单位公章。记账人员或者会计机构负责人、会计主管人员调动工作时,应当注明交接日期、接办人员或者监交人员姓名,并由交接双方人员签名或者盖章。

启用订本式账簿,应当从第一页到最后一页顺序编定页数,不得跳页、缺号。使用活页式账页,应当按账户顺序编号,并须定期装订成册。装订后再按实际使用的账页顺序编定页码。另加目录,记明每个账户的名称和页次。

第六十条 会计人员应当根据审核无误的会计凭证登记会计账簿。登记账簿的基本要求是：

（一）登记会计账簿时,应当将会计凭证日期、编号、业务内容摘要、金额和其他有关资料逐项记入账内,做到数字准确、摘要清楚、登记及时、字迹工整。

（二）登记完毕后，要在记账凭证上签名或者盖章，并注明已经登账的符号，表示已经记账。

（三）账簿中书写的文字和数字上面要留有适当空格，不要写满格；一般应占格距的二分之一。

（四）登记账簿要用蓝黑墨水或者碳素墨水书写，不得使用圆珠笔（银行的复写账簿除外）或者铅笔书写。

（五）下列情况，可以用红色墨水记账：

1. 按照红字冲账的记账凭证，冲销错误记录；
2. 在不设借贷等栏的多栏式账页中，登记减少数；
3. 在三栏式账户的余额栏前，如未印明余额方向的，在余额栏内登记负数余额；
4. 根据国家统一会计制度的规定可以用红字登记的其他会计记录。

（六）各种账簿按页次顺序连续登记，不得跳行、隔页。如果发生跳行、隔页，应当将空行、空页划线注销，或者注明"此行空白""此页空白"字样，并由记账人员签名或者盖章。

（七）凡需要结出余额的账户，结出余额后，应当在"借或贷"等栏内写明"借"或者"贷"等字样。没有余额的账户，应当在"借或贷"等栏内写"平"字，并在余额栏内用"Q"表示。

现金日记账和银行存款日记账必须逐日结出余额。

（八）每一账页登记完毕结转下页时，应当结出本页合计数及余额，写在本页最后一行和下页第一行有关栏内，并在摘要栏内注明"过次页"和"承前页"字样；也可以将本页合计数及金额只写在下页第一行有关栏内，并在摘要栏内注明"承前页"字样。

对需要结计本月发生额的账户，结计"过次页"的本页合计数应当为自本月初起至本页末止的发生额合计数；对需要结计本年累计发生额的账户，结计"过次页"的本页合计数应当为自年初起至本页末止的累计数；对既不需要结计本月发生额也不需要结计本年累计发生额的账户，可以只将每页末的余额结转次页。

第六十一条 账簿记录发生错误，不准涂改、挖补、刮擦或者用药水消除字迹，不准重新抄写，必须按照下列方法进行更正：

（一）登记账簿时发生错误，应当将错误的文字或者数字划红线注销，但必须使原有字迹仍可辨认；然后在划线上方填写正确的文字或者数字，并由记账人员在更正处盖章。对于错误的数字，应当全部划红线更正，不得只更正其中的错误数字。对于文字错误，可只划去错误的部分。

（二）由于记账凭证错误而使账簿记录发生错误，应当按更正的记账凭证登记账簿。

第六十二条 各单位应当定期对会计账簿记录的有关数字与库存实物、货币资金、有价证券、往来单位或者个人等进行相互核对，保证账证相符、账账相符、账实相符。对账工作每年至少进行一次。

（一）账证核对。核对会计账簿记录与原始凭证、记账凭证的时间、凭证字号、内容、金额是否一致，记账方向是否相符。

（二）账账核对。核对不同会计账簿之间的账簿记录是否相符，包括：总账有关账户的余额核对，总账与明细账核对，总账与日记账核对，会计部门的财产物资明细账与财产物资保管和使用部门的有关明细账核对等。

（三）账实核对。核对会计账簿记录与财产等实有数额是否相符。包括：现金日记账账面余额与现金实际库存数相核对;银行存款日记账账面余额定期与银行对账单相核对;各种财物明细账账面余额与财物实存数额相核对;各种应收、应付款明细账账面余额与有关债务、债权单位或者个人核对等。

第六十三条 各单位应当按照规定定期结账。

（一）结账前,必须将本期内所发生的各项经济业务全部登记入账。

（二）结账时,应当结出每个账户的期末余额。需要结出当月发生额的,应当在摘要栏内注明"本月合计"字样,并在下面通栏划单红线。需要结出本年累计发生额的,应当在摘要栏内注明"本年累计"字样,并在下面通栏划单红线;12月末的"本年累计"就是全年累计发生额。全年累计发生额下面应当通栏划双红线。年度终了结账时,所有总账账户都应当结出全年发生额和年末余额。

（三）年度终了,要把各账户的余额结转到下一会计年度,并在摘要栏注明"结转下年"字样;在下一会计年度新建有关会计账簿的第一行余额栏内填写上年结转的余额,并在摘要栏注明"上年结转"字样。

第四节 编制财务报告

第六十四条 各单位必须按照国家统一会计制度的规定,定期编制财务报告。

财务报告包括会计报表及其说明。会计报表包括会计报表主表、会计报表附表、会计报表附注。

第六十五条 各单位对外报送的财务报告应当根据国家统一会计制度规定的格式和要求编制。

单位内部使用的财务报告,其格式和要求由各单位自行规定。

第六十六条 会计报表应当根据登记完整、核对无误的会计账簿记录和其他有关资料编制,做到数字真实、计算准确、内容完整、说明清楚。

任何人不得篡改或者授意、指使、强令他人篡改会计报表的有关数字。

第六十七条 会计报表之间、会计报表各项目之间,凡有对应关系的数字,应当相互一致。本期会计报表与上期会计报表之间有关的数字应当相互衔接。如果不同会计年度会计报表中各项目的内容和核算方法有变更的,应当在年度会计报表中加以说明。

第六十八条 各单位应当按照国家统一会计制度的规定认真编写会计报表附注及其说明,做到项目齐全,内容完整。

第六十九条 各单位应当按照国家规定的期限对外报送财务报告。

对外报送的财务报告,应当依次编写页码,加具封面,装订成册,加盖公章。封面上应当注明:单位名称,单位地址,财务报告所属年度、季度、月度,送出日期,并由单位领导人、总会计师、会计机构负责人、会计主管人员签名或者盖章。

单位领导人对财务报告的合法性、真实性负法律责任。

第七十条 根据法律和国家有关规定应当对财务报告进行审计的,财务报告编制单位应当先行委托注册会计师进行审计,并将注册会计师出具的审计报告随同财务报告按照规定的期限报送有关部门。

第七十一条 如果发现对外报送的财务报告有错误,应当及时办理更正手续。除更正本单位留存的财务报告外,并应同时通知接受财务报告的单位更正。错误较多的,应当重新编报。

第四章 会 计 监 督

第七十二条 各单位的会计机构、会计人员对本单位的经济活动进行会计监督。

第七十三条 会计机构、会计人员进行会计监督的依据是：

（一）财经法律、法规、规章；

（二）会计法律、法规和国家统一会计制度；

（三）各省、自治区、直辖市财政厅（局）和国务院业务主管部门根据《中华人民共和国会计法》和国家统一会计制度制定的具体实施办法或者补充规定；

（四）各单位根据《中华人民共和国会计法》和国家统一会计制度制定的单位内部会计管理制度；

（五）各单位内部的预算、财务计划、经济计划、业务计划等。

第七十四条 会计机构、会计人员应当对原始凭证进行审核和监督。

对不真实、不合法的原始凭证，不予受理。对弄虚作假、严重违法的原始凭证，在不予受理的同时，应当予以扣留，并及时向单位领导人报告，请求查明原因，追究当事人的责任。

对记载不准确、不完整的原始凭证，予以退回，要求经办人员更正、补充。

第七十五条 会计机构、会计人员对伪造、变造、故意毁灭会计账簿或者账外设账行为，应当制止和纠正；制止和纠正无效的，应当向上级主管单位报告，请求作出处理。

第七十六条 会计机构、会计人员应当对实物、款项进行监督，督促建立并严格执行财产清查制度。发现账簿记录与实物、款项不符时，应当按照国家有关规定进行处理。超出会计机构、会计人员职权范围的，应当立即向本单位领导报告，请求查明原因，作出处理。

第七十七条 会计机构、会计人员对指使、强令编造、篡改财务报告行为，应当制止和纠正；制止和纠正无效的，应当向上级主管单位报告，请求处理。

第七十八条 会计机构、会计人员应当对财务收支进行监督。

（一）对审批手续不全的财务收支，应当退回，要求补充、更正。

（二）对违反规定不纳入单位统一会计核算的财务收支，应当制止和纠正。

（三）对违反国家统一的财政、财务、会计制度规定的财务收支，不予办理。

（四）对认为是违反国家统一的财政、财务、会计制度规定的财务收支，应当制止和纠正；制止和纠正无效的，应当向单位领导人提出书面意见，请求处理。

单位领导人应当在接到书面意见起十日内作出书面决定，并对决定承担责任。

（五）对违反国家统一的财政、财务、会计制度规定的财务收支，不予制止和纠正，又不向单位领导人提出书面意见的，也应当承担责任。

（六）对严重违反国家利益和社会公众利益的财务收支，应当向主管单位或者财政、审计、税务机关报告。

第七十九条 会计机构、会计人员对违反单位内部会计管理制度的经济活动，应当制止和纠正；制止和纠正无效的，向单位领导人报告，请求处理。

第八十条 会计机构、会计人员应当对单位制定的预算、财务计划、经济计划、业务计划的执行情况进行监督。

第八十一条 各单位必须依照法律和国家有关规定接受财政、审计、税务等机关的监督，如实提供会计凭证、会计账簿、会计报表和其他会计资料以及有关情况，不得拒绝、隐匿、谎报。

第八十二条 按照法律规定应当委托注册会计师进行审计的单位,应当委托注册会计师进行审计,并配合注册会计师的工作,如实提供会计凭证、会计账簿、会计报表和其他会计资料以及有关情况,不得拒绝、隐匿、谎报,不得示意注册会计师出具不当的审计报告。

第五章　内部会计管理制度

第八十三条 各单位应当根据《中华人民共和国会计法》和国家统一会计制度的规定,结合单位类型和内容管理的需要,建立健全相应的内部会计管理制度。

第八十四条 各单位制定内部会计管理制度应当遵循下列原则:

(一)应当执行法律、法规和国家统一的财务会计制度。

(二)应当体现本单位的生产经营、业务管理的特点和要求。

(三)应当全面规范本单位的各项会计工作,建立健全会计基础,保证会计工作的有序进行。

(四)应当科学、合理,便于操作和执行。

(五)应当定期检查执行情况。

(六)应当根据管理需要和执行中的问题不断完善。

第八十五条 各单位应当建立内部会计管理体系。主要内容包括:单位领导人、总会计师对会计工作的领导职责;会计部门及其会计机构负责人、会计主管人员的职责、权限;会计部门与其他职能部门的关系;会计核算的组织形式等。

第八十六条 各单位应当建立会计人员岗位责任制度。主要内容包括:会计人员的工作岗位设置;各会计工作岗位的职责和标准;各会计工作岗位的人员和具体分工;会计工作岗位轮换办法;对各会计工作岗位的考核办法。

第八十七条 各单位应当建立账务处理程序制度。主要内容包括:会计科目及其明细科目的设置和使用;会计凭证的格式、审核要求和传递程序;会计核算方法;会计账簿的设置;编制会计报表的种类和要求;单位会计指标体系。

第八十八条 各单位应当建立内部牵制制度。主要内容包括:内部牵制制度的原则;组织分工;出纳岗位的职责和限制条件;有关岗位的职责和权限。

第八十九条 各单位应当建立稽核制度。主要内容包括:稽核工作的组织形式和具体分工;稽核工作的职责、权限;审核会计凭证和复核会计账簿、会计报表的方法。

第九十条 各单位应当建立原始记录管理制度。主要内容包括:原始记录的内容和填制方法;原始记录的格式;原始记录的审核;原始记录填制人的责任;原始记录签署、传递、汇集要求。

第九十一条 各单位应当建立定额管理制度。主要内容包括:定额管理的范围;制定和修订定额的依据、程序和方法;定额的执行;定额考核和奖惩办法等。

第九十二条 各单位应当建立计量验收制度。主要内容包括:计量检测手段和方法;计量验收管理的要求;计量验收人员的责任和奖惩办法。

第九十三条 各单位应当建立财产清查制度。主要内容包括:财产清查的范围;财产清查的组织;财产清查的期限和方法;对财产清查中发现问题的处理办法;对财产管理人员的奖惩办法。

第九十四条 各单位应当建立财务收支审批制度。主要内容包括:财务收支审批人员和审批权限;财务收支审批程序;财务收支审批人员的责任。

第九十五条 实行成本核算的单位应当建立成本核算制度。主要内容包括:成本核算的对象;成本核算的方法和程序;成本分析等。

第九十六条 各单位应当建立财务会计分析制度。主要内容包括:财务会计分析的主要内容;财务会计分析的基本要求和组织程序;财务会计分析的具体方法;财务会计分析报告的编写要求等。

第六章 附 则

第九十七条 本规范所称国家统一会计制度,是指由财政部制定、或者财政部与国务院有关部门联合制定、或者经财政部审核批准的在全国范围内统一执行的会计规章、准则、办法等规范性文件。

本规范所称会计主管人员,是指不设置会计机构、只在其他机构中设置专职会计人员的单位行使会计机构负责人职权的人员。

本规范第三章第二节和第三节关于填制会计凭证、登记会计账簿的规定,除特别指出外,一般适用于手工记账。实行会计电算化的单位,填制会计凭证和登记会计账簿的有关要求,应当符合财政部关于会计电算化的有关规定。

第九十八条 各省、自治区、直辖市财政厅(局)、国务院各业务主管部门可以根据本规范的原则,结合本地区、本部门的具体情况,制定具体实施办法,报财政部备案。

第九十九条 本规范由财政部负责解释、修改。

第一百条 本规范自公布之日起实施。1984年4月24日财政部发布的《会计人员工作规则》同时废止。

后　　记

　　《会计基础实训》教材构思于2016年冬季，完成于2017年年末。2017年的春天，我过得充实而忙碌：我承担了两门课程的教学任务，指导学生毕业实习工作，指导学生毕业论文的撰写，在"备课、上课、讨论论文"的循环中，过着每一天。教材的撰写随此就停停写写，写写停停，我也偶感身心疲惫。

　　《会计基础实训》教材是我多年来进行教学实践经验的总结。自我2010年担任"会计学原理"课程负责人以来，会计学专业的培养目标也略有变动，"会计学原理"课程的教学大纲由含同步模拟实习的4学分拆分为"会计学原理"课程3学分和"会计基础实验"课程1学分。为了更好地进行实践教学，我编写了《会计基础实训》教材，以适应教学的需要。本教材的原型取自多年教学资料，是我多年对"会计学原理"课程实验教学工作的总结。

　　在本教材中，共同承担编写任务的周陈莲老师，既是我多年的好朋友，更是工作中很好的合作伙伴。在多年的工作中，她给予了我无私的帮助。在教材的编写过程中，她提供原始资料、修改和补充教材内容、提出合理化建议。每一张凭证、每一页账簿都透着她对教材编写工作的敬业与奉献。我们往返于上海立信会计金融学院松江校区与徐汇校区之间，进行了多轮的讨论、修改。正是她的一路相伴，教材得以有了现在的样子。

　　感谢有家人的陪伴和鼓励！

袁国红
2018年2月

主要参考文献

[1] ATEP项目组.手工全盘账及会计电算化实务[M].3版.北京:清华大学出版社,2017.
[2] 刘海燕,彭金媛,李凡.出纳业务操作[M].北京:北京理工大学出版社,2013.
[3] 邵瑞庆.会计学原理[M].6版.上海:立信会计出版社,2021.